여자
,
고전을
잡雜 수다

유쾌, 상쾌, 통쾌한
고전 수다를 만나다

호호아줌씨의
여자,

고전을
잡雜 수다

호호아줌씨
김일옥 지음

북
씽크

차례

세 번째 수다 **라면 먹고 갈래요? 한비자 세프의 비밀 레시피를 드릴게요**

직장과 일편

촛불을 높이 들라

어릴 때 나는 곧잘 넘어져 무릎이 까졌다. 엉엉 울면 엄마가 달려와 나를 안아주면서 돌부리나 땅바닥을 "떼찌, 떼찌"를 해 주셨다. 울음은 곧 그쳤고, 금세 나는 또 다른 곳으로 뛰어갔다. 가치관이 재정립된다는 사춘기 때에 나는 놀라운 말을 들었다. 우리나라 교육이 엄청 잘못되었다는 거였다. 그 예를 든 게 아이가 달려가 부딪혔을 때 아무 잘못 없는 땅이나 벽을 탓하는 거라고 했다. 그래서 우리나라 국민들이 제 잘못을 남 탓으로 돌리는 버릇이 생겼다고. 나는 머리가 멍해졌다. 그렇지만 엄마를 탓하기에는 좀 찜찜해서 판단을 보류했다. 어째든 마음이 불편했다.

그러다가 또 한 번 충격적인 글을 읽게 되었다. 성공한 재일교포가 쓴 글이었는데, 저자의 고향이 남해라고 했다. 내 고향도 남해! 동향이라 너무 반가웠다. 그런데 그 분의 고향에는 망국가가 있다고 했다.

"노세, 노세, 젊어서 노세, 늙어지면 못 노나니~"

아, 내가 어릴 때부터 늘 듣던 노래, 지금도 잘 흥얼거리는 노래. 그 노래가 망국가였다니!

젊어서 열심히 일을 해야지, 놀고 자빠지면 어쩌자는 거냐! 그 분이 쓴 글의 요지에 나는 아무런 반응도 할 수가 없었다. 술 한 잔 거하게 들어가면 우리 아빠가, 동네 아저씨들이 걸쭉하게 부르던 노래가 나라를 망하게 하는 노래였다니, 정말 충격이었다. 하지만 글은 끝까지 다 읽었고, 머리에서는 생각을 비웠다.

나는 배운 건 꼭 써 먹어 보는 습관이 있다. 하지만 이처럼 두 개의 가치관이 서로 대립되면 아무 것도 할 수가 없다. 판단도 하지 않고, 행동도 하지 않는다. 그냥 가만히 있었다.

그런데 나이가 마흔이 넘어가니까, 꾹꾹 눌러놨던 생각이 슬금슬금 기어 나왔다.

이게 다 책을 많이 읽으라고 해서 즐겨 읽은 탓인지도 모른다. 아니면 마흔이 넘어가니까 이제는 배운 대로, 시킨 대로 하지 말고, 내 맘대로 내 멋대로 살고 싶다는 욕망이 커진 탓인지도 모르겠다.

어쨌든, 땅바닥에 대고 "때찌, 때찌"하는 게 뭐 어떠냐 싶다! 어린 애더러 조심하지 않고 넘어졌으니 네 잘못이라고 왜 시비를 가려야하는지 모르겠다. 아프다는데, 서럽다는데, 남 탓하면 뭐 어떤가. 쳇! 뒤에서는 다들 뒷담화하면서. 앞에서 욕했다고 뭐라고 하는 건 뭐하는 짓인지. 그래서 덜 아프고 덜 서러우면 됐지 뭐. 그리고 그렇게 시비 안 가려줘도 어련히 다음에는 뛰어 다니면서 조심했다.

또 하나. 마흔이 넘어 세상을 보니, 그 노랫말이 맞았다. 젊어서 놀아야지 늙으니까 당최 놀 수가 없다. 요즘 세상은 더욱 그렇다. 놀아야 하는 젊은 시절 죄다 공부하면서, 일하면서 보낸 게 억울해 죽겠다. 어차피 별 거 없는 인생, 놀지도 못하고. 생각하면 할수록 스트레스가 하늘을 찌른다. 따지고 보면 일했으니까 놀 수 있는 거였다. 24시간 핑핑 놀고 있으면 그게 노는 건가? 무기력이지.

이런 생각이 이 책 곳곳에 있다. 아무런 근거도 이론도 없다. 심지어 나는 고전을 전공하지도 않았다. 그냥 고전을 재미있어 하는 여자일 뿐이다. 일상의 수다에서도 고전을 아전인수 격으로 끌고 다닌다. 그걸 사람들이 재미있어 해주니 신이 나서, 내친 김에 출판을 결행했다. 덜컥 겁이 났다. 말이 활자로 변한다는 것의 의미를 누구보다 잘 알기에 머리가 복잡해졌다.

내 수다를 기록해서 어쩌겠다고……?

그 잡다한 이야기들을 책으로 낸다고?

내가 감히 고전을!?

"재미있겠다"며 박수를 치던 내 손바닥은 주춤거렸고 신나게 타이핑을 하던 손가락은 머뭇거렸다. 주눅이 들었다.

그때 이런 이야기가 생각났다.

영서연설 郢書燕説

춘추전국시대에 초나라의 수도 영 땅에 사는 사람이 연나라 재상에게 편지를 쓰고 있었다. 해가 질 무렵이라 방안이 어두워지자 하인에게 "촛불을 높이 들어라."고 말했다.

그런데 글을 쓰고 있던 중인지라 촛불을 높이 들어라 는 말도 편지글에 함께 써 버렸다.

고전을 잡雜 수다

편지를 받아든 연나라 재상은 뜬금없이 나오는 "촛불을 높이 들어라."는 말을 보고 깊은 생각에 잠겼다.

마침내 연나라 재상은 자신의 무릎을 치며 기뻐했다.

"아하, 촛불을 높이 들라는 건 현명한 사람들을 높이 세워 세상을 비추라는 것이로구나."

연나라 재상은 곧바로 왕에게 달려가 말했다.

"나라를 다스리는 요체는 훌륭한 인재를 등용하는 일입니다."

왕은 기꺼이 재상의 말을 실천에 옮겼고, 그 덕에 나라도 잘 다스려졌다.

<한비자 외저설> 중에서

편지를 쓴 사람은 아무런 뜻도 없이 실수로 쓴 말이지만, 듣는 사람이 깊게 헤아려 좋은 결과를 맞이했다. 내 의견은, 내 생각은, 내 수다는 가벼울 수 있지만 그걸 어떻게 받아 들이냐 는 전적으로 독자의 몫이 아닌가? 왜 내가 고민하고 있지? 읽기 싫으면 덮어버리겠지 뭐. 독자란 맘에 들지 않는 책을 집어 던질 수 있는 권리가 있는 사람이잖아. 이런 생각이 들자 마음이 한결 가벼워졌다.

게다가 공자님이 이런 말씀도 하셨다.

誦詩三百송시삼백　授之以政수지이정　使於四方사어사방

不能專對불능전대　雖多　亦奚以爲?수다 역해이위

시 삼백 편을 외운다 해도 정치를 잘 해내지 못하고,

외국에 사신으로 가도 능히 잘 대응하지 못한다면,

(비록 시를 많이 외운다 해도) 그것이 무슨 소용이 있겠는가?

〈논어 자로편〉 중에서

　나는 글 쓰는 사람인데, 고전을 잘 써먹지 못하면 그게 나한테 무슨 소용이 있겠는가?

　왜 배운 대로 생각하고 왜 정답만을 말해야 하지?

　내 말은 왜 정답이 아니지?

　세상에 정답이 어디 있어?

　나는 내 맘대로 말할 거야!

　그래서 나는 이 글을 쓰게 되었다. 겁이 난다. 오늘 나는 넘어져 무릎을 깰지도 모른다. 하지만 난 벌떡 일어나 또 달려갈 것이다.

덧붙이는 말

네. 저는 이런 사람입니다. 그러니 독자 여러분들도 독자 멋대로 읽으시겠죠? 전 다만 촛불을 높이 들으라고 했을 뿐입니다. 책을 멋대로 집어 던지셔도 누가 뭐라 하겠습니까? 다만 공공도서는 소중히 다루어주세요.

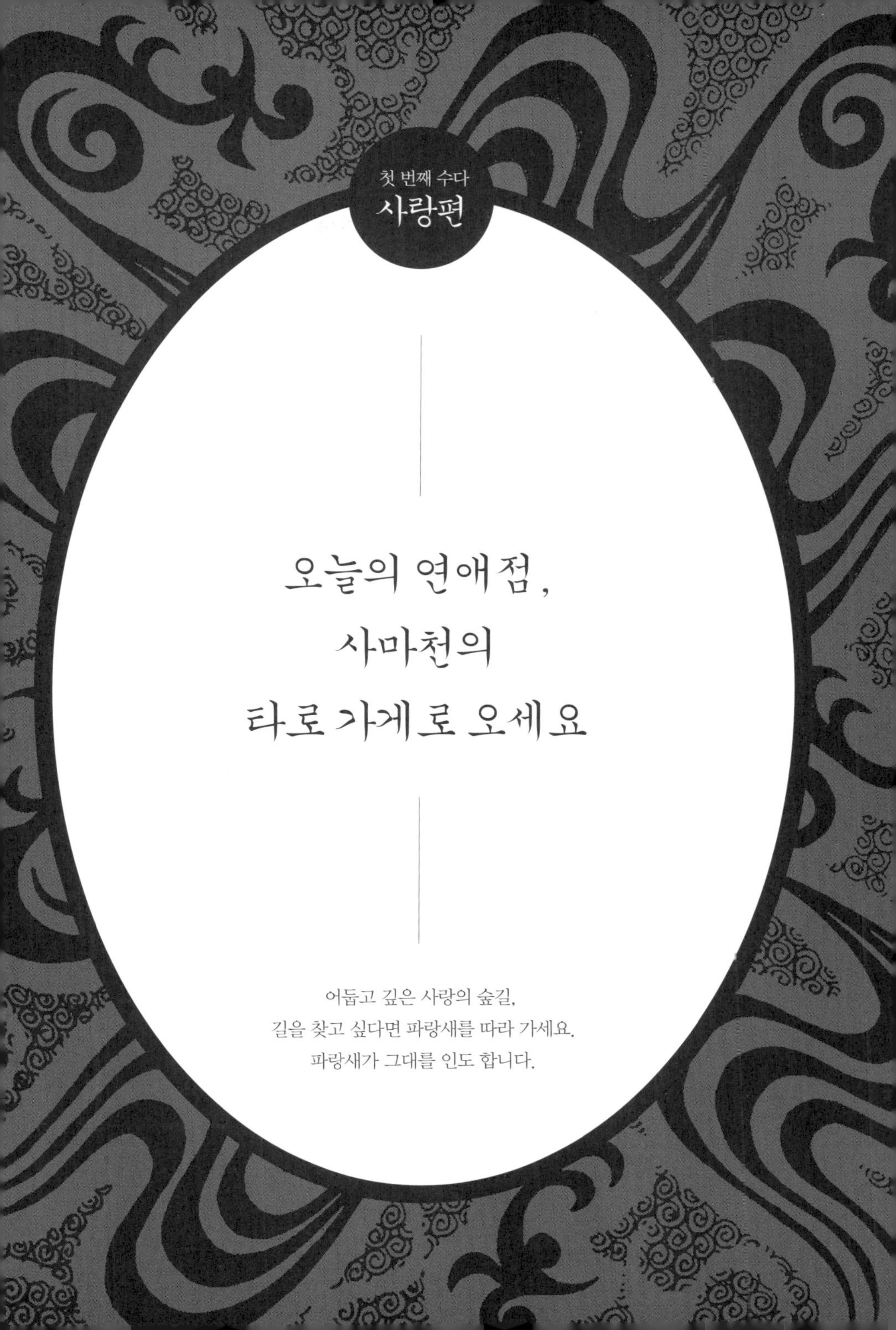

첫 번째 수다
사랑편

오늘의 연애점,
사마천의
타로 가게로 오세요

어둡고 깊은 사랑의 숲길,
길을 찾고 싶다면 파랑새를 따라 가세요.
파랑새가 그대를 인도 합니다.

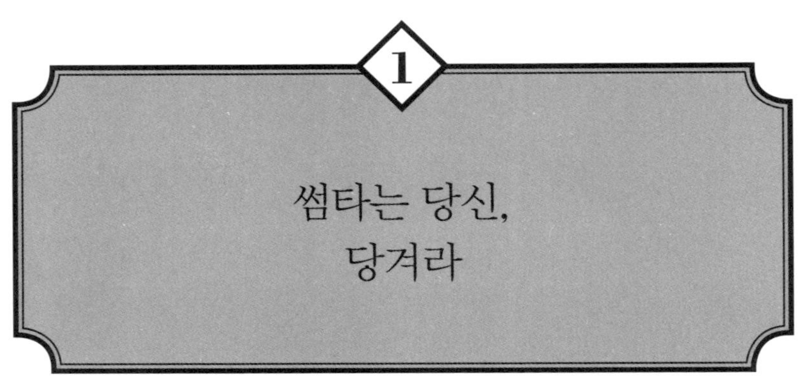

어서 오세요. 저는 이 가게의 주인 타로 마스터 사마천입니다.

아마도 사랑의 숲길에서 길을 잃었나 봅니다.

　제 파랑새가 말하길, 당신은 썸을 타고 있다고 하는 군요.

　그런가요?

　그런데 썸이 무엇인가요?

　그 사람과 나 사이에 무언가가 있다. 아하! Something이군요.

물가를 거닐다 보면 촉촉해지는 법, 사랑의 바다에 빠지진 않고 발

목만 들어갔다 나왔다, 찰박 찰박 노닐고 계시는 군요. 즐거운 때

입니다.

　어디 그대의 카드를 뽑아 볼까요?

수서양단首鼠兩端

구멍 속 쥐 한 마리가 머리만 쏙 내민 채 주변을 살피고 있습니다.

당신은 신중한 사람이군요. 섣부른 행동은 언제나 화를 불러들이지요. 신중함은 그대의 재산입니다. 하지만 언제까지 나를 안전하게 보호해 주는 구멍 속에만 있을 수는 없지요. 그대 역시 세상 속으로 나가고 싶어 고개를 내밀고 있진 않나요?

그렇습니다. 그 사람은 왜 고백을 하지 않는 걸까요? 언제쯤 고백할까요? 그대를 좋아는 하지만 확실한 건 아무것도 없습니다. 무엇이 진짜인지, 어디까지 함께 가고 싶어 하는지? 그 사람의 마음을 알 수가 없군요. 나 역시 그 사람이 고백한다면 예스라고 할지, 아니면 도망을 갈 건지, 내 마음도 알 수가 없군요. 아직 달지 못합니다. 파도를 타고 노니는 뗏목처럼 그대의 마음은 썸만 타고 있으니까요.

그럼 또 다른 카드를 뽑아보세요.

측간에 있는 쥐와 창고에 있는 쥐입니다.

이사(李斯)는 초나라 말단 관리였습니다. 하루는 관청의 측간에 갔다가 오물을 주워 먹는 쥐를 보았습니다. 쥐는 이사를 보더니 놀라 잽싸게 달아나버렸습니다. 이사는 관청 창고에 갔다가 또다시 쥐를 보았습니다. 창고의 쥐는 측간의 쥐와 달리 이사를 보고도 눈 하나 깜짝거리지 않았습니다. 측간의 쥐는 털도 버석버석하고 두려움에 떨면서 늘 불안해하는데, 창고의 쥐는 윤기가 흐르며 그 태도도 아주 당당했습니다.

"같은 쥐인데도 어찌 이리 다르단 말인가? 정녕 사람도 나아질 수 있는가 없는가의 문제도 자신이 어떤 환경에 있느냐 따라 달라진다."

이사는 그 길로 바로 초나라 말단 관리직을 접었습니다.

순자의 문하에 들어가 공부를 하기 시작했지요. 그 후 이사는 초나라가 아니라 당시 가장 강성했던 진나라로 들어가 유세를 시작했고, 진시황에게 발탁되었습니다. 이사는 진시황을 도와 천하를 통일했고 그 공으로 진나라의 승상이 되었습니다.

일개 평민이었던 이사가 진나라의 승상이 된 것은 과감한 행동력 때문이었습니다. 이사인들 어찌 주저함이 없었겠습니까?

'내 판단이 잘못되면 어쩌지?'

'그마나 있는 밥벌이수단 마저 날아가는 게 아닌가?'

마음이 두근거리나요? 아니면 겁이 나십니까? 행동하지 않으면 결과 또한 없습니다. 이 카드는 당신이 움직여야 할 시간이 다가왔다는 걸 알려 줍니다. 계속 썸만 타다 보면 애간장이 다 타 버릴 겁니다. 한 달, 두 달 그렇게 계속 썸만 타다보면 재만 남습니다. 설마 재가 되어 그 사람 곁으로 날아가실 생각은 아니시지요?

인생에서 사랑의 파도가 밀려왔다 밀려 내려가는 시간은 그다지 많지 않습니다. 지금 그대 눈앞에서 있는 파도가 영원하리라 생각하지 마십시오. 어느 순간 사라지고 없을 테니까요. 이 순간을 놓쳐서는 안 됩니다. 누군가 뒤에서 그대를 밀어주길 기다리십니까? 넘어지기 십상입니다. 당당하게 걸어 들어가십시오.

썸을 타는 당신, 당기세요. 고백이 필요하면 고백을 당기시고, 용기가 필요하면 용기를 끌어당기십시오. 용감한 사람만이 사랑을 얻습니다. 그 사람과 사랑에 빠져 행복을 움켜쥐어 보세요. 거절 받을까봐 겁나신가요? 부끄러워 죽을 것만 같아도, 그 마음이 죽어야만 새로운 사랑이 찾아옵니다. 우물쭈물 하면서 좋은 시절을 다 보내지 마세요.

마지막 카드는 '요초'이군요.

좋은 징조입니다. 요초는 사랑의 여신 무산신녀의 풀입니다. 무산신

오늘의 연애점, 사마천의 타로 가게로 오세요

녀는 아침에는 산봉우리에 구름이 되어 걸리고, 저녁이면 산기슭에 비가 되어 내리는 사랑의 여신이랍니다. 요초의 열매를 먹은 사람은 누구에게나 사랑을 받는다고 하지요. 총명함과 신중함, 그리고 용기는 요초를 키우는 충분한 자양분이 되리라 믿습니다.

그대 Something으로 시작된 사랑, Everything이 될지 Nothing이 될지 과연 운명의 수레바퀴는 어디로 굴러가게 될까요? 수레의 바퀴는 두 개이지만 두 길을 동시에 갈 수는 없습니다. 그대의 앞길에 무산신녀의 축복이 있길.

고전 포커스

이사는 초나라 상채 사람입니다. 젊었을 때 측간의 쥐와 창고의 쥐를 보고 깨달음을 얻어 유세가의 길을 걷게 되었습니다. 초기에는 진시황을 보좌하여 천하를 통일하여 최고의 지위인 승상의 자리까지 올랐지만, 진시황의 사후 조고의 모함으로 인해 허리가 잘려 죽었습니다. 입지전적인 인물 이사의 이야기는 사마천의 〈사기, 이사 열전〉에 자세히 실려 있습니다.

한 번 찬 남자
두 번 돌아보지 않는다

파랑새를 찾아 여기 까지 찾아오셨군요. 파랑새는 지금 여기 없습니다. 다시 사랑의 숲속으로 날아갔습니다. 그런데 그대 어찌하여 그리 깊은 한숨을 내 쉽니까? 말도 못하고 속이 시커멓게 타들어 가고 있군요. 어디 카드를 하나 뽑아 보시겠습니까?

우유를 쏟아 울고 있는 그림이군요.

쏟아진 우유는 뭘까요? 도대체 무엇을 그리 안타까워하십니까? 그대 눈동자가 그리 흔들리는 걸 보니 그 사람이군요. 왜요?

이런! 그 사람을 버리셨군요. 그 사람이 아니라 그대가 그대의 발로 뻥 차버리셨군요. 내가 왜 그랬을까? 지금 후회하십니까? 카드 그림 속 아이처럼 엉엉 울고 싶은 심정이군요. 이제 와서 후회

오늘의 연애점, 사마천의 타로 가게로 오세요

해 본들 아무런 소용이 없지요. 비록 쏟아진 우유가 아깝기는 하나 컵은 말짱하니 그나마 다행입니다. 또 다른 우유를 따라 마실 수 있잖아요. 카드를 하나 더 뽑아 보세요.

거꾸로 가는 시계이군요.

혹시 지금 그 사람에게 다시금 다가가실 생각이십니까? 좋은 생각이 아닙니다. 서양 속담에 Don't cry over spilt milk. 쏟아진 우유를 놓고 울지 말라는 말 기억나십니까? 울지 말고 그럼 뭘 해야 할까요?

닦아야죠. 깨끗이 치워버려야 합니다. 우리말에도 엎질러진 물은 주워 담지 못한다고 하지요. 동서양의 진리입니다. 물을 주워 담으려는 일은 분명 어리석은 짓이지요. 하지만 그런 말이 왜 있겠습니까? 많은 사람들이 주워 담으려고 하니까 제발 그러지 말라고 하는 게 아니겠어요? 이 말이 어디에서 처음 나온 지 아십니까?

은나라를 멸하고 주나라를 세운데 큰 공을 세운 강태공은 제나라의 제후가 되었습니다.

강태공이 화려한 마차를 타고 제나라로 들어가는데, 그 일행을 막아 세운 이가 있었습니다. 강태공의 부인 마씨였습니다.

마씨 부인은 강태공을 버리고 집을 나갔었지요. 집안일이라곤 눈곱만큼도 신경 쓰지 않고 오로지 강가에서 낚시만 하는 남편, 심지어 그렇게 낚시를 하는데도 단 한 마리의 물고기도 잡아 오지 않는 남자와 어떻게 같이 살 수 있었겠습니까?

하지만 이젠 사정이 달라졌으니까, 같이 살고 싶었습니다.

강태공이 말했습니다.

"물을 한 바가지 떠 올 수 있겠소?"

마씨 부인은 급히 물을 한 바가지 떠 가지고 왔습니다.

강태공은 그 물을 확 쏟아 버렸습니다.

"이 물을 다시 주워 담을 수 있다면 같이 살겠소."

마씨 부인은 얼굴이 붉게 달아올랐습니다.

"한 번 엎지른 물은 다시는 주워 담을 수 없고, 한 번 떠난 브인은 다시 돌아올 수 없다."

강태공은 이렇게 말하며 유유히 자리를 떠났습니다.

싸가지, 싸가지 이런 싸가지가 따로 없군요. 아니 그냥 NO! 말만 해도 마씨 부인은 부끄러워 죽을 지경이었을 겁니다. 그런데 물을 떠 오라 시킨 다음 쏟아버려요? 비단옷에 고기반찬 때문에 이런 남자랑 같이 살아야 합니까?

일찌감치 뻥! 찬 게 백배 잘 한 짓이죠. 욕하는 사람이 한 둘이 아니었겠습니다. 그래서였을까요? 이 남자 140살까지 살았다고 합니다. 그래봤자 주문공의 책사가 된 게 80살이었으니, 늙어 받는 호사 뻔하지요. 팔다리 삭신이 쑤시는 건 무슨 수로 막을 수 있었겠습니까?

마씨 부인을 욕할 수 있는 사람은 아무도 없습니다. 그저 안타까울 뿐이지요. 찌질하고 못났던 그 남자, 갑자기 성공했다 할지라도 그 찌질함과 못남은 여전히 그 사람의 속성입니다. 곰곰이 생각해 보면 마씨 부인은 그 남자가 성공하지 못했기에 버린 게 아닙니다. 그 남자의 무신경과 무관심, 그리고 오로지 자기 자신밖에 모르는 이기심을 참을 수 없었던 것입니다. 자신이 가진 원대한 꿈과 포부를 왜 옆에서 먹여 살리느라 고생하는 부인과 함께 나누지 않았던 걸까요? 나눠 먹기 싫은 겁니다.

성공한 남자라고 해서 내게 멋진 남자가 되는 건 절대 아닙니다. 그대는 그 사람의 무엇이 그리도 아쉽습니까? 사람의 속성은 변하지 않습니다. 그대가 차버렸을 때는 분명 이유가 명확했을 겁니다. 그 이유를 잊어서는 안 됩니다.

고전을 잡雜 수다

찾아 가지 마십시오. 찾아 와도 만나 주지도 마십시오. 찌질했던 그 사람이 성공해서 날 찾아오는 건 오로지 한 가지 이유밖에 없습니다. 복수입니다.

당신이 그리웠노라 가식을 뒤집어 쓴 채 포장하여 찾아 올 수는 있습니다. 정말 사랑해서, 잊지 못해서 찾아오는 건 로맨스 소설에서 말고는 전 본 적도 들은 적도 없습니다. 자, 이제 마음을 가다듬고 무엇을 해야 할지 마지막 카드를 뽑아보세요.

놀랍습니다.

위수에서 낚시를 하고 있는 강태공이군요.

그렇습니다. 우리는 강태공에게서 배워야 합니다. 강태공은 위수 강가에서 3년을 곧은 낚시를 드리우며 기다렸습니다. 자신을 알아줄 사람을 기다리고 때를 기다린 겁니다. 결국 그는 인재를 구하려는 주문공을 만났고, 그제야 자신의 재능을 활짝 펼칠 기회를 잡은 겁니다.

그대도 강태공이 그랬던 것처럼 기다려야 합니다. 물론 그대는 강태공처럼 미끼도 없는 곧은 낚시를 쓰면 안 되지요. 그대는 세월을 낚을 게 아니지 않습니까? 그대의 매력을, 그대의 재능을 꼼꼼

하게 낚싯대에 달아 놓으세요. 때를 알고 사람을 기다리십시오. 기다리는 동안 그대의 매력을 더욱 갈고 닦으시면서요.

고전 포커스

강태공은 주나라 초기의 정치가이자 병법가입니다. 군주를 가장 잘 보좌하는 유능한 책사의 대명사로 불립니다. 주문공과 주무왕을 도와 은나라를 멸하고 주나라를 세우는데 큰 공을 세워, 제나라 땅을 영지로 받았습니다. 본명은 강상이지만, 주문왕의 선군인 태공이 항상 바래왔던(望) 인물이었다 하여 태공망으로 불리다가 강태공이란 이름으로 널리 회자되었습니다.

평생을 낚시를 하다가 주문왕을 만났기에 강태공은 오늘날에는 낚시하는 사람이란 뜻의 속어가 되었지요. 능수능란한 경제적 수완과 병법, 재주에 대해서는 수많은 전설이 되어 오늘날에도 사람들에게 널리 회자되고 있습니다.

강태공에 대한 자세한 이야기는 〈사기, 제태공세가편〉에 잘 나와 있습니다.

고전을 잡雜 수다

좋은 게 좋다고? 큰일 날 소리.
차! 치이기 전에 차요

사랑에 빠진 사람은 얼굴이 환하지요. 예뻐요. 그대 환하게 웃고 있는데, 스쳐지나가는 근심 때문에 마음이 어둡군요. 호사다마, 좋은 일에는 안 좋은 일이 생긴 것 뿐 인가요? 아니면 호랑이같이 사납고, 다람쥐처럼 약은 마누라가 있는 유부남과 사랑에 빠진 건가요?

그런 게 아니라고요? 걱정이라는 게 대부분 쓸데없는 짓이긴 하지만 이유 없이 생기진 않지요. 어디 카드를 하나 뽑아보세요.

견상지빙 見霜之氷

서리가 내리는 것을 보고 얼음이 얼 것을 안다

너무나도 당연한 말이지요? 그런데 우리는 애써 작은 징조를 무시하려고 합니다. 외면한다고 문제가 사라지는 게 절대 아닌데 말이죠. 파랑새가 사소한 일이라고 허투루 보지 말라고 하네요.

이런! 사람은 너무 좋은데, 약간 폭력성이 있어 걱정이 되신다구요. 아주 작은 흠이라고요? 세상에 완벽한 사람은 물론 없죠. 폭력성을 운운하면 그 사람은 화를 버럭 낼지도 모른다고요? 세상 사람들 누구나 다 폭력성이 있으니까요.

왜 그대가 미리 변명해 주고 계시죠? 과연 그 사람 말대로 그대가 예민한 걸까요? 이 문제는 그대가 온전히 감수해야 할 부분이니, 모든 판단 기준은 그 사람이 아니라 그대입니다. 세상의 평가, 객관성? 그 따위 걸 신경 쓰지 마세요. 오로지 그대 자신만을 생각하실 때입니다. 새로운 카드를 하나 더 뽑아보죠.

시가인 숙불가인 是可忍 孰不可忍

이것을 참는다면 무슨 일이든 못 참겠는가?

계손씨의 집에서 팔일무를 행해지고 있습니다. 팔일무는 8명이 8줄, 즉 64명이 추는 춤입니다. 천자가 제사를 지낼 때는 팔일무,

제후들, 즉 왕이 제사를 지낼 때는 6일무, 각 나라의 대부들은 4일무를 추는 게 예의이지요. 일개 한 나라의 대부가 팔일무를 추게 했다는 소문을 듣고 공자가 화를 냅니다.

"에이, 춤을 좀 춘 것 뿐인데, 뭘 그리 화를 내는가, 작을 일을 왜 키우는 건가? 사건화 시켜서 좋을 게 뭐 있다고!"

사람들은 공자에게 이렇게 말했는지 모릅니다.

"좋은 게 좋은 거 아니겠냐. 그냥 넘어가라고."

그러자 공자는 이 일을 참는다면 상대는 무슨 일이든 하게 될 것이라고 생각했습니다. 이것을 참는다면 무슨 일든 못 참겠는가? 공자는 극도로 분노합니다.

그렇습니다. 춤을 춤일 뿐이라고, 그냥 아주 작은 사소한 일이라고 생각할 수도 있습니다. 하지만 작은 나라의 일개 대부의 신분을 지닌 자가 이런 일을 벌였는데도 아무도 잘못했다 말하지 않는다면, 앞으로 어떤 일들이 생길까요?

다른 자들 역시 무도한 일을 저지를지 모릅니다. 누가 제지할 수 있을까요?

그대는 이 폭력이, 폭력이라고 부르기도 애매한 작고 소소한 일이라 생각할 수 있습니다. 하지만 조금이라도 우려스럽다면, 그냥

오늘의 연애점, 사마천의 타로 가게로 오세요

넘어가지 마시라고 권하고 싶네요.

작은 일이어서, 감당할 수 있을 때 더욱 말해야 합니다. 그냥 내 속에서 삭힌다면, 점점 더 심해질 수 있습니다. 혹여나 앞으로 벌어질 모든 큰일에 대해서는 말조차 못하게 될지도 모릅니다.

그렇다면 마지막 카드를 뽑아볼까요?

"방불입 난방불거 危邦不入 亂邦不居
위태로운 나라에는 들어가지 않고, 어지러운 나라에는 살지 않는다.

노나라에서 닭싸움은 사람들이 즐겨 놀던 그냥 놀이였습니다. 그 놀이가 시작이었습니다. 노나라의 대부 계평자와 후소백은 닭싸움을 했지요. 계평자는 닭의 발톱에 작은 칼을 달았고, 후소백은 닭의 날개에 겨자를 뿌렸습니다. 후소백의 닭이 이겼죠. 계평자는 화가 나서 후소백의 집을 쳐들어가 한바탕 싸움을 일으켰습니다.

그 이후로도 티격태격 소소한 싸움이 있었고, 화가 난 후소백은 노나라 왕인 소공에게 쪼르르 달려갑니다. 평소 세 대부 계씨, 숙손씨, 맹씨 집안의 오만불손한 행동이 눈엣가시였던 노소공은 계

고전을 잡雜 수다

씨의 집안으로 군사를 보냅니다. 계씨집안에서는 억울하다고 하소연 하지만 들어주지 않았습니다.

그때 숙손씨가 계씨를 도와줍니다. 계씨가 왕에게 당하고 나면 다음 차례는 왠지 숙손씨 자신 같았거든요. 왕의 군대가 집니다. 노소공은 깜짝 놀라, 다른 대부 맹씨에게 사신으로 후소백을 보내, 왕의 군대를 도우라고 명을 내립니다. 맹씨는 왕의 사신으로 온 후소백의 목을 치고 같은 대부들 편에 섭니다.

목숨이 위태롭다 생각한 노소공은 외국으로 달아납니다. 노 소공은 제나라로, 진나라로 도망을 가 자신을 도와 달라 하지만 일이 녹녹치 않습니다.

결국 노소공은 외국에서 죽고 노소공의 동생이 왕위에 오릅니다. 노정공입니다.

그때 노나라에서 벼슬을 살던 공자가 노정공에게 세 대부(계씨, 숙손씨, 맹씨 이를 삼환이라고 함)를 벌하자고 합니다. 나라가 안팎으로 어지러우니 이럴 때일수록 질서를 바로 잡아야 한다고 주장합니다.

노정공 역시 계씨라도 몰아내고 싶지만 겁도 나고 이길 것 같지도 않아 포기합니다. 도리어 공자만 세 대부들 눈 밖에 나지

오늘의 연애점, 사마천의 타로 가게로 오세요

요. 결국 공자는 노나라를 떠납니다. 공자의 천하주유가 시작되었지요.

닭싸움은 주나라에서부터 그 기록이 있을 만큼 오래된 놀이입니다. 그냥 아주 소소한 닭싸움이었는데, 감정싸움으로 번지고, 그 싸움은 대부들이 왕을 쫓아내는 일로 커졌습니다. 싸움의 불똥이 어디로 튈지 모르는 게 우리네 인생 아닐까요?

사람은 자기 자신에게 늘 좋은 쪽으로 생각하고 싶어 합니다. 피할 수 있으면 피하고, 미룰 수 있으면 최대한 미루어 둡니다. 모른 체 하기도 합니다. 좋은 게 좋다고? 긍정적으로 생각하라고요? 달콤한 말이네요. 사실을 왜곡하고 있지는 않나요? 긍정은 자기 자신을 북돋을 수 있지만 회피의 수단이 되기도 합니다. 타인과의 관계는 냉정해야 합니다.

언제나 큰 일이 터지기 전에는 작은 징조들이 보입니다. 어디까지 혼자 컨트롤할 수 있을까 고민해 보세요. 호미로 막을 일, 가래로 막지 않길 바랄뿐입니다.

고전 포커스

노나라는 천자가 된 주무왕의 동생 주공 단이 봉읍으로 받은 나라입니다. 주공이 만든 예악이 잘 보전되어 있어 '예의 나라'라 불리어지지요. 공자의 나라이기도 하고요. 하지만 정치는 힘이 센 세 대부의 가문 맹손씨, 계씨, 숙손씨에 의해 좌지우지 되었습니다. 닭싸움, 그 사소한 일로 왕이 쫓겨나게 될 줄 누가 알았을까요? 노나라의 역사는 〈사기, 노주공세가편 〉에 자세히 실려 있습니다.

오늘의 연애점, 사마천의 타로 가게로 오세요

저기, 정말 뒷간 갈 때 맘이랑
나올 때 맘이 달라요?

"저기, 정말 뒷간 갈 때 맘이랑 나올 때 맘이 달라요?"

파랑새가 웃습니다. 다르죠. 너무나도 다르고, 당연히 달라야합니다. 우리 사랑 영원히! 그래서 변하지 않는 사랑을 위해 다이아몬드를 주고받아도 변합니다. 다만 그 사랑이 어떻게 변할지는 아무도 모릅니다. 파랑새가 어서 카드를 하나 뽑아 보라고 재촉합니다.

미자하가 왕의 수레를 타고 가고 있습니다.

미자하는 위나라 왕의 총애를 받던 미동이었죠. 어느 날 미자하는 어머니가 아프시다는 소식을 듣습니다. 미자하는 급한 마음에 왕의 수레를 몰고 어머니를 만나러 갑니다.

왕의 수레를 몰래 탔다면 다리를 잘라야 합니다. 신하들이 미자

고전을 잡雜 수다

하의 죄를 묻자 위 왕은 이렇게 말합니다.

"미자하는 천하의 효자이다. 다리를 잘릴 위험을 감수하더라도 어머니를 뵈러 가지 않았느냐? 어찌 효자를 벌주라고 하느냐?"

또 한 번은 미자하가 왕과 함께 과수원을 거닐다가 복숭아를 땄습니다. 미자하가 한 입 베어 물고, 그 복숭아를 왕에게 건넸습니다.

주변 신하들이 까무러치게 놀랐지요.

'먹다 남은 복숭아를 임금에게 주다니!'

"미자하가 날 사랑하는 마음이 이처럼 애틋하다. 맛있는 걸 보면 항상 내게 주는 구나."

세월이 흘러 미자하의 젊음과 아름다움이 사라지자 왕의 총애도 사라졌습니다. 왕은 미자하에게 화를 냈습니다.

"저 놈은 예전부터 성질이 고약했다. 임금의 수레를 몰래 타기도 하고, 먹다 남은 복숭아를 내게 먹이기도 했었지."

미자하의 행동은 변함이 없는데, 왕의 말은 이처럼 달라집니다. 아름다운 사랑이 이렇게 변하는 일은 너무 많습니다. 꼭 이렇지만 않다고 말하고 싶습니까?

네, 그렇습니다. 미혹되지만 않는다면 사랑은 끈끈한 정으로 더욱 견고해지니까요. 미혹이 뭐냐고요? 카드를 하나 뽑아 보십시오.

오늘의 연애점, 사마천의 타로 가게로 오세요

애지욕기생 , 오지욕기사 *愛之欲其生, 惡之欲其死*

사랑할 때는 그 사람이 살기를 바라다가,

미워할 때는 그 사람이 죽기를 바라는 게 미혹이다.

공자의 말입니다. 사람을 미혹하는 일은 많습니다. 무언가에 홀려 정신을 못 차리면, 사랑하던 사람이 죽기를 바라는 지경에 이른답니다. 사랑만 변하는 게 아닙니다. 세상 모든 것이 다 변하지요. 상대방만 변하는 게 아니라 나도 변한답니다. 나 변한 건 모르고, 상대만 변했다고 비난하기도 하지요.

그럼에도 불구하고 사랑은 아름답고, 꼭 해 볼만 한 일이지요. 사랑이 변할 때, 그대는 어찌 해야 할까요? 슬프게도 칼자루를 상대방이 쥐고 있다면 그대의 운명은 세 사람 중 하나입니다.

파랑새가 그 세 개의 카드를 들고 옵니다.

첫 번째 카드는 한신입니다.

두 번째 카드는 소하, 세 번째 카드는 장량입니다.

한신, 소하, 장량은 유방을 도와 한나라를 건국을 도운 1등 공신입니다. 이 세 남자의 운명이 어찌 되었는지 볼까요?

천하패권을 놓고 항우와 유방이 치열하게 싸웠지요. 한신은 처

고전을 잡雜 수다

음에는 항우의 부하였으나 항우에게 중용되지 않자 유방의 부하가 되었습니다. 한신은 최고의 대장군이었습니다. 항우와 유방의 싸움에 새로운 변수가 될 만큼 그 힘이 컸습니다. 천하를 삼 분 할 수도 있었지만, 한신은 유방을 배신하진 않았습니다. 그러나 황제가 된 유방의 마음은 불안했습니다. 한신의 힘이 강한 만큼 유방에게는 위협적이었죠.

결국 한신은 유방의 부인 여태후와 소하에 의해 반란을 동모했다는 모함을 받은 후 참살되었습니다.

소하는 유방이 별 볼일 없던 지방 관리였을 때부터 쭉 그와 동고동락을 함께해온 공신이었습니다. 유방의 군사와 양식의 보급은 소하가 책임을 졌죠. 그는 탁월한 행정가였습니다. 논공행상에서 소하는 사냥꾼, 장수들은 사냥개에 비교되어 으뜸가는 공신으로 많은 식읍을 하사받았습니다.

하지만 유방이 의심의 눈초리로 바라보자 소하는 즉시 식읍을 반납하면서 그의 변하지 않는 충성심을 증거하느라 전전긍긍했습니다. 소하는 말년에 병을 얻어 죽었습니다.

장량, 혹은 장자방으로 불린 그는 유방의 책사였습니다. 장자방이라는 이름은 후대에 책사의 대명사가 될 만큼 그의 지략은 뛰어났습니다. 홍문의 연회에서 죽음의 위기에 몰린 유방을 직접 구해 주기도 했지요.

하지만 논공행상에서 식읍받기를 몇 번이나 거절하다가 유방을 처음만난 "유" 땅만을 받기 원했고, 여태후의 아들을 태자에 올려 놓고 나서는 즉시 정계를 떠났습니다. 그의 후손들은 유 땅에서 오 랫동안 잘 먹고 잘 살았죠.

동서고금의 연인들의 사랑이 왜 그리 애틋하고 애절할까요? 어 렵고 힘든 상황에 처해 있기 때문입니다. 그럴 때 사랑은 아름답게 피어난답니다. 처지가 달라지면 그 연인들도 변하게 됩니다. 사람 은 누구나 변하니까요. 변하지 않는 것이 이상한 일이지요.

사랑과 권력은 그 속성이 매우 비슷합니다. 사랑밖에 난 몰라, 하십니까? 권력에 대해 공부해 보세요. 사랑에 대해 알면 알수록, 더욱 사랑에 빠져 들 것입니다.

유방은 유별난 사람이 아닙니다. 오히려 전형적인 인물이지요. 뒷간 갈 때 마음이랑 나올 때 마음, 상대방만 그럴 것 같습니까?

그대 마음이 먼저 변할 것 같지는 않습니까?

사랑도 권력도 칼자루도 상대방에게 쥐어주는 게 아닙니다.

잘 먹고 잘 살게 되었을 때, 혹은 너무나도 못 먹고 못 살게 되었을 때 그대 미혹되지 않을 자신 있으십니까? 유명한 노래 가사가 생각나네요. 사랑은 받는 게 아니라면서요?

그대가 사랑하십시오. 그러면 사랑의 칼자루는 그대가 쥐게 된답니다.

고전 포커스

미자하의 이야기는 〈한비자, 설난편〉에 있고, 한신, 소하, 장량은 〈사기, 열전편.〉에 자세히 실려 있답니다. 한신은 한나라 최고의 명장으로 병법에 있어서는 천재적이었지만 처세술에서는 너무나도 미흡했지요. 운명을 바꿀 기회가 여러 번 있었지만 그는 받아들이지도 거절하지도 못하고 우유부단한 모습만 보여주었지요.

한신이 성공하고 실패한 데에는 소하의 힘이 절대적이었습니다.

성야소하패야소하 成也蕭何敗也蕭何

애초에 한신을 유방에게 추천한 사람도 소하였고, 한신을 속여 입궐하게 한 후 여태후로 하여금 그를 죽이게 한 사람도 소하였습니다. 한신의 성공과 실패 모두 소하가 칼자루를 쥐고 있었다 해도 과언이 아닙니다.

오늘의 연애점, 사마천의 타로 가게로 오세요

어쩌죠? 이 남자 싫은 게 아닌데

어서 오세요.

당신도 모르는 당신의 속마음을 찾아보는 타로가게입니다. 세상사는 게 다 그렇습니다.

내가 뭘 원하는지 알면 선택도 쉽지요. '결정 장애'라는 우스갯말에 편하게 웃지 못하시지요? 당신이 결정을 못하면 타인이 결정해 준답니다.

물론 그 결정의 책임은 고스란히 당신 몫입니다.

카드, 파랑새가 뽑아주네요.

양쪽 어깨를 드러낸 아가씨이군요.

동가식서가숙 東家食西家宿의 제나라 아가씨 이야기입니다.

요즘은 동가식서가숙이 집도 절도 없이 여기 저기 떠돌아다닌다는 말로 쓰이지만, 그 본뜻은 조금 달랐습니다.

옛날 제나라에 사는 한 처녀에게 동시에 혼담이 들어왔습니다. 동쪽 집 총각은 부유했지만 얼굴이 추남이었고, 서쪽 집 총각은 미남인데, 집안 형편이 초라했습니다. 처녀의 부모가 말했습니다.

"어느 집으로 시집가고 싶니? 동쪽 집으로 가고 싶으면 오른쪽 어깨 옷깃을 내리고, 서쪽 집으로 가고 싶으면 왼쪽 어깨 옷깃을 내리렴."

처녀는 잠시 생각해 보더니 양쪽 어깨 옷깃을 모두 내렸습니다.

"낮에는 동쪽 집에 가서 먹고 싶고, 밤에는 서쪽 집에 가서 자고 싶어요."

옛사람들은 제나라 처녀의 욕심이 지나친다고 했습니다. 하지만 요즘 우리는 이런 솔직한 욕망을 배워야 하지 않을까요? 무언가를 빨리 선택하기 전에 자신이 무얼 바라는지 알아야하지요. 자기 욕망과 대면할 시간이 필요합니다. 양 어깨를 드러낸 제나라 처녀에게서 또 하나 배워야 할 점은 단점보다는 장점에 초점을 맞춘다는 겁니다. 못생겨서 싫고, 가난해서 싫은 게 아니라, 부자라서 좋고, 잘생겨서 좋다는 겁니다.

오늘의 연애점, 사마천의 타로 가게로 오세요

이제 카드를 뽑아보세요.

계륵 鷄肋,

닭갈비이군요.

닭갈비, 먹을 것은 없으나 버리기는 아깝다. 나 먹자니 싫고, 남 주자니 아깝고. 어찌 해야 할까요? 이 이야기는 삼국지의 조조와 유비가 한중 땅을 놓고 싸울 때 나온 말이랍니다.

조조는 한중 땅을 놓고 유비와 한판 싸움을 벌여야만 했습니다. 싸워서 한중 땅을 지키자니, 비용이 만만치 않고, 그렇다고 유비에게 주자니 너무 아까웠습니다. 진퇴양난 어찌 해야 할지 고민 중인데, 군사가 들어와 그날 저녁 암호를 물었습니다.

조조는 "계륵"이라고 대답했습니다.

머리를 식힐 겸 조조가 군영 안을 돌아보는데, 양수의 군졸들이 짐을 싸고 있는 거예요. 조조가 놀라 물어보니, 내일 후퇴를 할 것 같으니 미리 짐을 싸 둔다는 겁니다.

"닭의 갈비는 먹을 살은 없지만 그냥 버리기 아까운 것이다. 한 중 땅이 계륵이라고 판단한 걸 보니 틀림없이 내일 돌아갈 것이

고전을 잡雜 수다

다.”라고 양수가 말했다고 합니다.

조조는 불같이 화를 내습니다.

당장 양수의 목을 치고, 다음날 공격 명령을 내렸습니다. 공격은 실패했고, 조조는 결국 군사를 뒤로 물렸습니다. 조조는 자신의 잘못을 뉘우치고, 양수의 제사를 성대히 치러 주었습니다.

그러니까 계륵은 버리는 게 낫다는 겁니다. 계륵은 배가 고프면 먹고, 배가 부르면 내버려두는 겁니다. 당신은 계륵의 뼈가 성가신 거죠. 배가 고파 봐요. 그까짓 뼈 따위는 이미 안중에도 없지요. 당신이 지금 배가 고프지 않은 상태입니다. 이게 지금 당신이 직면해 있는, 당신이 판단하는 당신의 상황입니다.

이 남자가 싫은 게 아니라고요? 그 남자는 당신에게 이미 계륵이라는 뜻입니다. 물론 요새는 닭갈비를 잘 요리해서 먹기도 하죠. 뼈 따위는 싹 발라 순 살코기만 포장되어 나오기도 합니다. 하지만 요리는 당신이 해야 합니다. 당신을 위해 뼈를 발라줄 사람이 없습니다. 왜냐면 남의 선택을 대신 했다간 댕강 목이 잘릴 수도 있으니까요.

당신에게 다른 선택이 있다면 버리시고, 다른 여지가 없다면 취하십시오. 당신이 어떤 선택을 하던 우리는 당신을 응원합니다.

자, 그럼 마지막 카드를 뽑아볼까요?

사위지기자사 여위열기자용 士爲知己者死, 女爲悦己者容
남자는 자기를 알아주는 사람을 위해 죽고,
여자는 자기를 예뻐해 주는 사람을 위해 화장을 한다.

음. 이 글은 남자가 쓴 게 확실하군요. 남자는 여자가 화장을 하는 백만 가지 이유를 알 수가 없죠. 남자들이 그렇게 생각한다면 그냥 그렇게 내버려 둡시다. 어째든 남자는 자기를 알아주는 사람을 위해 죽……을 수 있는지는 잘 모르겠지만, 인정받는다고 느끼면 열과 성을 다하는 건 확실합니다. 반대로 개무시를 당한다고 느끼면 비뚤어지죠.

인정받고자 하는 욕구는 강렬한 감정입니다. 자기 스스로 하는 셀프 인정도 중요하지만 타인으로부터 받는 인정 역시 몹시 중요합니다. 인정! 그거 받으려고 화장을 하거나 죽을 수도 있다는 거지요.

지금 당신이 고민하는 선택은 이 구두를 살까? 저 구두를 살까? 하는 게 아니지요. 사람을 선택하는 문제입니다. 선택을 당하는 것도 나의 선택입니다. 당연히 신중하셔야지요.

물건이 아니라 사람을 선택하는 일에는 무엇보다도 가치 부여가 중요합니다. A와 B. 둘 다 장단점이 있습니다. 선택을 할 때는 좋고, 싫고, 옳고 그르고, 이익과 손해 모든 장단점 요약해 봅시다. 자신의 욕망을 드러내는 걸 부끄러워하지 마세요. 양쪽 어깨를 과감하게 드러내야 합니다. 그런 다음 A를 택했다면 A의 장점에 가치를 두어야 합니다.

그런데 우리는 바보처럼 내가 버린 B의 장점을 그리워하고 내가 가진 A의 단점을 곱씹습니다. 그건 선택하기 전에 해야 할 일이지요.

순서가 중요합니다. 선택을 하기 전에는 내가 무엇을 버리게 되는지, 그걸 감당해 낼 자신이 있을지에 초점을 맞춰보세요. 그걸 기회비용이라고 하죠.

A를 선택함으로써 내가 버리게 되는 B의 장점. 그 비용을 감당할 수 있는지 생각하는 겁니다. 이 고민이 충분해야 내 선택에 최대한의 가치를 부여할 수 있습니다. 일단 선택하고 나면 내 선택이 우월합니다. 내가 가진 것이 최고입니다. 되뇌세요.

동가식서가숙 처녀, 어디로 시집갔을까요? 동쪽 집? 서쪽 집? 어쩌면 남쪽 집 총각과 결혼했을지도 모릅니다. 누구랑 결혼하던 잘 살았을 것 같지 않나요?

오늘의 연애점, 사마천의 타로 가게로 오세요

고전 포커스

동가식서가숙東家食西家宿 이야기는 송나라 초기 이방이 저술한 〈태평어람〉에 나오는 이야기이고, 계륵鷄肋은 〈후한서, 양수전〉에 나옵니다. 양수는 그 기재가 뛰어나 오히려 조조의 눈 밖에 난 비극적인 인물이지요.

"사위지기사가, 여위열기자용士爲知己者死 女爲悅己者容"은 원수의 옷을 자르고 자결한 자객, 예양이 남긴 말입니다. 춘추전국시대, 많은 사람들이 목적을 이루고자 스스로의 목숨을 기꺼이 던지는 자객이 되었습니다. 각각 자객이 된 까닭과 목적은 달랐지만, 그들의 강렬한 의지와 희생정신은 오늘날 까지도 남아있지요. 조말, 전제, 예양, 섭정, 형가 등의 자객들의 이야기는 사마천의 〈사기, 자객열전〉에 자세히 실려 있답니다.

고전을 잡曜 수다

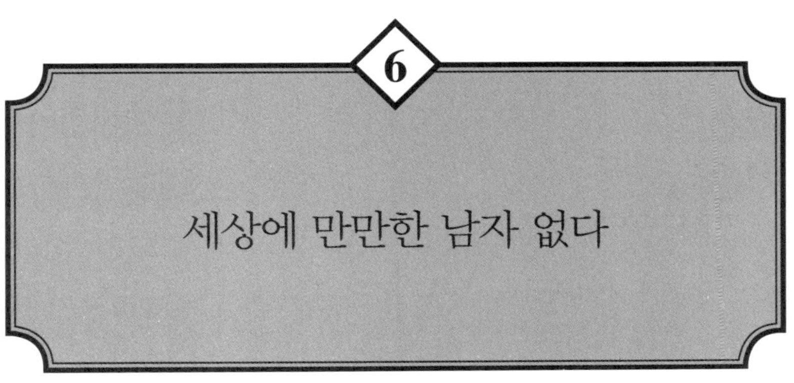

인생이란 정말 한치 앞을 알 수 없습니다. 열 길 물속은 알아도 한 치 속을 알 수 없는 게 사람입니다. 사람 변하는 거, 한 순간 이지요.

이리 될 줄 알았으면 누가 그리 했겠습니까? 하는게 인생입니다.

연애하기만 무서울까요? 인생이 무서운 겁니다.

카드를 뽑아보세요. 이런 두 개의 카드가 딸려 나왔군요.

연작안지홍곡지지 燕雀安知鴻鵠之志

참새가 어찌 봉황의 뜻을 알리오?

진나라 진섭의 이야기입니다. 진섭은 가난한 농민의 아들이었기에, 종종 머슴살이도 했었죠. 하루는 다른 머슴들과 밭일을 하다가 쉬면서 이런 말을 했습니다.

"지금 우리는 별 볼일 없는 머슴이지만, 사람일은 누가 알겠소? 나중에 부귀해지면 우리 오늘의 정을 잊지 말고 서로 도와줍시다."

그러자 사람들이 모두 비웃었습니다.

"남의 집 머슴살이 주제에 무슨 부귀영화?"

그러자 진섭은 하늘을 보며 "참새가 어찌 봉황의 뜻을 알리오?"라며 탄식했답니다.

그러다가 진시황이 죽고 호해가 황제가 되었지요. 진섭은 900명의 사람들과 함께 징집을 받아 어양 땅으로 이동을 하는 중 폭우를 만났습니다. 예정된 시간에 목적지까지 가지 못하면 엄격한 국법에 따라 모두 목이 날아갈 형국이었는데, 비는 그치지 않았죠. 이리 죽으나 저리 죽으나 매한가지라고 생각한 진섭은 사람들과 함께 반란을 도모합니다.

"왕후장상의 씨가 따로 있는가?"

오랜 진나라의 폭정에 신음하던 백성들은 진섭에게 몰려 들었고, 중국 역사 최초의 농민봉기는 거대한 진나라를 뒤흔들었습니다. 진섭은 승승장구하여 관군을 무찔렀고, 따르는 병사들도 수십 만 명에 이르렀습니다. 마침내 추종자들에 의해 진섭은 왕이 되었습니다.

진섭의 소문을 듣고, 같이 머슴 일을 하던 친구가 찾아왔습니다. 친구는 왕이 된 진섭을 보고 눈이 휘둥그레졌으나, 곧 과거 이야기를 하면서 이러쿵저러쿵 친분을 내세웠습니다. 진섭은 비천했던 시절의 이야기가 싫었습니다. 체면이 깎인다 생각했지요. 진섭은 화를 내며 그 머슴의 목을 베었습니다.

또 다른 카드를 볼까요.

전거후공 前倨後恭

전에는 거만하시더니 어찌 지금은 공손하십니까?

춘추전국시대 소진의 이야기입니다. 소진은 귀곡자 선생 밑에서 공부를 한 후, 여러 나라를 돌아다니며 유세를 했지만 빈털터리가 되어 집으로 돌아왔습니다. 그러자 그의 가족들, 특히 형수의 구박이 심했지요. 소진은 크게 상처를 받아 더욱 공부를 한 다음 다시 유세를 했고, 드디어 연나라 문후에 의해 그는 등용되었습니다.

소진은 힘이 강력해지는 진나라에 맞서기 위해서는 6나라(연, 제, 조, 위, 한, 초)가 연합해야 한다고 주장했고, 결국 그의 합종책은 각 제후들의 환영을 받아, 소진은 6개국의 재상이 되었습니다. 소진이 합종책을 펼치기 위해 국경을 넘을 때마다 각 제후들은 많은 제물과 사자를 보내주었습니다.

소진을 괄시했던 형제와 형수는 그를 제대로 바라보지도 못하고 고개를 푹 숙인 채 밥을 먹었답니다. 소진이 웃으며 물었습니다. "아니 전에는 그렇게 거만하시더니, 어찌 지금은 이렇게도 공손하십니까?"

형수가 대답했습니다.

"시동생님이 지금 지위가 고귀해지시고, 재물도 많은걸 알았기 때문입니다."

소진의 형수를 어찌 생각하십니까? 저는 참 지혜로워 보입니다. 목이 덜렁 날아가 버린 진섭의 머슴 친구와 비교해 보십시오. 두 사람 다 떡잎을 못 알아보긴 마찬가지입니다. 구박을 한 형수와 친분을 나눴던 머슴, 성공한 사람이 보기에는 그다지 별 차이도 없습니다. 그저 오십보백보의 과거일 뿐이죠. 단지 그들은 지금 납작

엎드려 있어야 한다는 거죠. 이렇게 입장차이가 생깁니다. 우리는 과거에 매여 현재를 재단하면 안 됩니다.

나보다 공부도 못하고 못생겼던 친구가 남자 잘 만나서 거들먹거리는 거 꼴 보기 싫다고요? 공부나 외모는 재주이고 남자 잘 만난 건 재주 아닙니까? 왜 어떤 재주는 우월하고 어떤 재주는 하찮다 여기십니까? 소진의 형수처럼 솔직하게 인정하기 쉽지 않지요?

한나라의 장군 한신 역시 비슷한 이야기가 있습니다. 한나라 건국 1등 공신이 된 한신도 젊었을 때 매우 가난해서 빨래터의 아낙네에게서 밥을 얻어먹어야 했습니다. 한신이 나중에 성공하면 꼭 은혜를 갚겠다고 하자 아낙네는 "은혜는 무슨. 네 앞가림이나 잘 하라"고 했답니다.

성공한 한신이 빨래터의 아낙네를 찾아갔을까요? 자신의 성공을 자랑하느라 바쁜데, 하찮은 아낙네를 찾아 갈 시간이 있을까요?

아낙네에게 자랑해 봤자 뭐, 그다지 뿌듯할 것 같지도 않네요. 과거에 고생하면 할수록 지금의 성공은 더욱 빛을 발하겠죠. 과거란 그런 겁니다.

그러니까 빨래터의 아낙네가 한신을 찾아 가서도 안 되고, 성공한 한신이 아낙네를 찾아와도 별 볼일 없습니다. 후일 한신은 반역

오늘의 연애점, 사마천의 타로 가게로 오세요

죄로 죽임을 당하죠. 빨래터의 아낙네는 이런 말을 하지 않을까요?

"그러게, 내가 뭐랬어. 네 앞가림이나 잘하라고!"

과거의 인연은 그저 술자리 안주일 뿐입니다. 미래 역시 허황된 이야기입니다. 우리가 할 일은 오직, 지금 현재의 인연에 충실할 뿐이지요.

마지막 카드를 뽑아 볼까요?

사마골오백금 死馬骨五百金

죽은 천리마의 뼈를 오백 금을 주고 사다.

춘추 전국시대 제나라 소왕은 훌륭한 인재를 구하고 싶었습니다. 그때 곽외라는 사람이 "먼저 나부터 중용하십시오."라며 스스로를 추천합니다. 왕이 이유를 묻자 곽외는 천리마를 사고자 하는 상인의 이야기를 합니다.

상인이 천리마가 있다는 소문을 듣고 찾아 갔더니, 말은 이미 죽고 뼈만 남아 있었다고 합니다. 하지만 상인은 그 뼈를 오백 금이나 주고 사가지고 돌아옵니다. 죽은 말뼈를 오백 금이나 죽고 샀다는 이야기가 퍼지자, 천하의 명마를 가진 사람들이 스스로 말을

고전을 잡雜 수다

끌고 그 상인의 집 앞으로 몰려왔습니다.

"보잘것없는 나를 중용하시면, 왕께서 얼마나 인재를 아끼시는지 천하가 다 알게 될 겁니다."

왕은 곽외를 위해 황금대를 지어 주고 스승의 예로 대우해 주니, 천하의 인재들이 제나라로 몰려왔다고 합니다.

천리마의 뼈를 산다는 건 어떤 의미일까요? 아무짝에도 쓸모없는 말 뼈다귀에 오백 금을 투자하듯이, 지금 내게 다가온 인연들을 소중히 여겨 투자해 보심이 어떠십니까? 일단 나 스스로에게 착하게 굴고, 나를 배려해 주면서, 덕을 차곡차곡 쌓다보면 내가 착한 사람이 되지요. 그 다음 내 주변 사람들에게 모질게 굴지 않고 조금 손해를 봐도 덕을 쌓는다는 마음으로 웃어줍시다.

세상에 만만한 사람은 없습니다. 열 친구를 사귀는 것 보다 한 사람의 적을 만들지 않는 게 더 중요합니다. 좋은 사람은 좋은 사람을 끌어당겨요. 끼리끼리, 유유상종이지요. 당신은 틀림없이 좋은 사람을 만나게 될 거에요.

고전 포커스

진섭이 친구의 목을 베자, 그를 따르던 사람들은 그를 믿지 못해 하나 둘 그의 곁을 떠나갑니다. 진섭은 6개월 정도 왕위에 있었죠. 그의 농민반란은 결국 실패로 끝나지만 이후 다시금 천하를 통일한 한나라 고조 유방에 의해 은왕이라는 시호를 받았습니다. 그의 의기를 높이 산 것이지요. 진섭의 이야기는 〈사기, 진섭세가〉에 자세히 실려 있습니다.

전거후공前倨後恭의 주인공 소진은 형수의 말을 듣고, 이런 말을 합니다. "내가 귀해지자 친척들도 나를 두려워하고 가난하면 업신여기는데 남들은 오죽하랴. 내가 성 밖에 밭이 두 이랑만 있어도 오늘날 이 자리에 올라갈 생각조차 하지 않았다." 면서 당시 가지고 있던 천금을 풀어 일가친척과 친구들에게 모두 나눠주었다고 합니다.

〈사기, 소진장의열전〉에 그의 이야기가 있습니다. 죽은 천리마의 뼈를 산다는 곽외의 이야기는 〈전국책〉에 그 유래가 실려 있답니다.

고전을 잡輔 수다

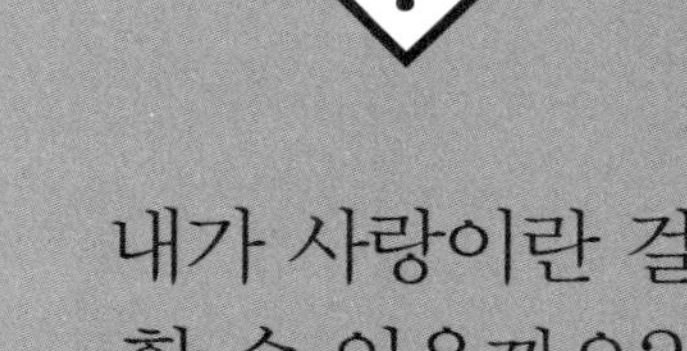

비가 오네요. 제법 빗줄기가 굵습니다. 오늘은 아무도 타로 점을 보러 올 것 같지 않군요. 파랑새와 둘이서 점괘를 뽑아볼까요. 늘 궁금하던 그것, 사랑. 사랑이 뭔지.

파랑새가 가져온 카드는 홍수입니다.

홍수 洪水

하하하, 그렇습니다. 사랑은 홍수입니다. 홍수는 언제나 갑작스럽게 쏟아지지요. 홍수는 절대 저 혼자 흘러가지 않습니다. 모든 것을 다 쓸고 지나가지요. 그게 사랑입니다.

세상은 홍수가 나서 온통 물바다인데, 마실 물은 없습니다. 세상은 온통 사랑, 사랑, 사랑을 외쳐 되는데, 정작 내 사랑은 없습니다. 많은 사람이 묻습니다.

"내가 사랑이란 걸 할 수 있을까요?"

그걸 누가 알겠습니까. 다만 강가를 거닐다 보면 몸은 촉촉해진다는 걸 알뿐이죠. 사랑하길 원하신다면 강가로 가십시오. 그래야만 사랑에 빠질 기회가 더 많아질 테니까요.

파랑새가 다시 카드를 하나 더 뽑네요.

곰과 돌입니다.

이런, 파랑새가 말하고 싶은 사랑이 있나 봅니다. 내친김에 마지막 카드는 제가 뽑겠습니다.

우치수 禹治水

우임금이 물을 다스렸다는 말입니다.

아주 오래된 이야기이지요.

옛날 요임금이 천하를 다스릴 때 황하 강이 자주 범람했지요. 요임금은 곤에게 물을 다스리라고 했습니다. 곤은 제방을 쌓았습

고전을 잡雜 수다

니다. 하지만 제방은 작은 물의 범람은 막았지만, 큰물은 막지 못했지요. 큰물이 몰아닥치면 제방이 터져 오히려 그 피해는 더 컸습니다.

요임금이 죽고 순임금이 천하를 다스리자, 순임금은 곤을 죽이고, 곤의 아들 우에게 물을 다스리라고 했습니다. 곤의 아들 우는 산을 파서 새로운 물길을 텄지요. 황하의 물길을 돌려, 물이 구불구불 흐르게 하여 황하 강의 범람을 막았습니다. 우는 순임금의 뒤를 이어 천하를 다스렸지요. 그 나라가 하나라입니다.

우가 황하의 물을 다스릴 때, 역사에 기록되진 않았지만 많은 사람들의 입에서 입으로 전해오는 이야기가 있습니다. 우임금의 홍수 신화, 오늘 파랑새는 그대에게 이 이야기를 들려주라고 하는군요.

우는 홍수를 다스리기 위해 환원산으로 갔습니다. 우는 산세가 험하고 구불구불한 환원산을 파서 황하의 물길을 돌릴 작정이었지요. 산으로 들어가기 전 우는 임신한 아내 도산씨에게 말했습니다.

"여보, 내가 산에 있는 동안에는 절대 산에 오지 마시오."

"혼자 산에 계시는 동안 식사는 어찌 하시려고요?"

"절벽 위에 북을 하나 놓아두었으니, 그 북에서 소리가 나면 그

때 밥을 가져다주겠소?”

“알겠습니다.”

산으로 들어간 우는 곧 커다란 곰으로 변했습니다. 곰으로 변한 우는 있는 힘껏 산을 파내기 시작했지요. 입과 발톱으로 땅을 파내던 중, 작은 돌멩이 하나가 절벽위로 날아가 북을 때렸습니다.

“둥!”

또 다른 돌멩이들이 북을 향해 날아갔지만, 우는 그 소리를 듣지 못했습니다. 땅을 파는데 온 정신을 쏟아 부었기 때문이지요.

“둥, 둥, 둥!”

북소리가 들리자 아내는 정성껏 준비한 밥을 가지고 산 위로 갔습니다. 산위에 오른 아내는 커다랗고 시커먼, 무서운 곰을 보았어요.

아내는 외마디 비명을 지르며 도망쳤지요.

놀라 달아나는 아내를 본 우는 뒤 쫓았습니다.

“여보, 여보! 나야. 나. 당신 남편이야. 무서워하지 마.”

하지만 우의 말은 그저 곰의 으르렁거림 일 뿐이었습니다. 우는 자신이 곰으로 변해 있다는 사실을 잊고 있었어요.

숭고산 기슭까지 달아났는데도 곰이 계속 쫓아오자 아내는 더 이상 도망갈 힘이 없었습니다. 그러자 아내 도산씨는 돌이 되었습니다.

아내가 돌로 변한 것을 보고, 우는 화를 냈어요.

"네 뱃속에 있는 내 자식이나 내 놔!"

돌이 북쪽으로 열리면서 아이가 나왔어요.

그 아이의 이름은 "계"였습니다.

사랑, 사랑, 사랑 소리쳐 노래 불러보지만 이렇게 되는 게 사랑이라고, 옛사람들은 생각했습니다. 돌이 된 여자와 곰이 된 남자. 곰이 된 남자는 자신을 받아주지 않는 돌에게 화를 냅니다. 그러고도 돌에게 요구를 하죠. 내 아이나 내 놔라고.

그대, 사랑하고 싶습니까? 사랑은 뜻대로 되지 않습니다. 의도한데로 흘러가 주지도 않습니다. 홍수처럼 갑자기 덮쳐 내 모든 걸 휩쓸어 가버린답니다. 홍수를 다스렸다는 우임금조차도 자신의 사랑은 어찌하지 못했습니다.

그대 사랑하고 싶으시면 강가로 가세요. 그래서 사랑에 빠졌다면, 지키고 키워나가는 데 최선을 다하십시오. 그래도 삐걱거리고 휩쓸리게 되면 이 이야기를 되뇌어 보세요.

어디서부터 잘못되었는지, 누가 더 잘못했는지 탓하지 마세요. 내가 곰으로 변한 건 아닐까? 저 곰 안에 내가 사랑하는 사람이 있어. 이 사실만 기억하세요. 부디 예쁜 사랑하시길.

고전 포커스

홍수신화의 주인공 우임금은 황허강의 홍수를 다스린 공으로 인해 순임금이 죽은 뒤 제후들(왕)의 추대를 받아 천자가 되었습니다. 우임금은 제위를 현자에게 양위하려고 했으나 (현자는 천자의 자리를 거절) 제후들이 우의 아들 계(啓)를 추대하였습니다. 이때부터 현자에게 왕위를 양위하던 선양제가 없어지고 아들이 아버지의 자리를 잇는 상속제가 역사 속에 자리 잡았지요. 하나라는 농업과 목축을 기반으로 하여 4백여 년 간 지속되다가 걸왕 때 이르러 주나라 무왕에 의해 사라졌습니다.

하나라는 이때껏 전설 속 나라로 여겨졌지만, 최근 수많은 하나라의 유물과 유적이 발굴되어 이제는 중국 최초의 나라로 당당히 기록되었습니다.

우임금을 시조로 하는 하나라는 〈사기(史記), 하본기(夏本記)〉에 요, 순임금과 함께 기록되어 있습니다.

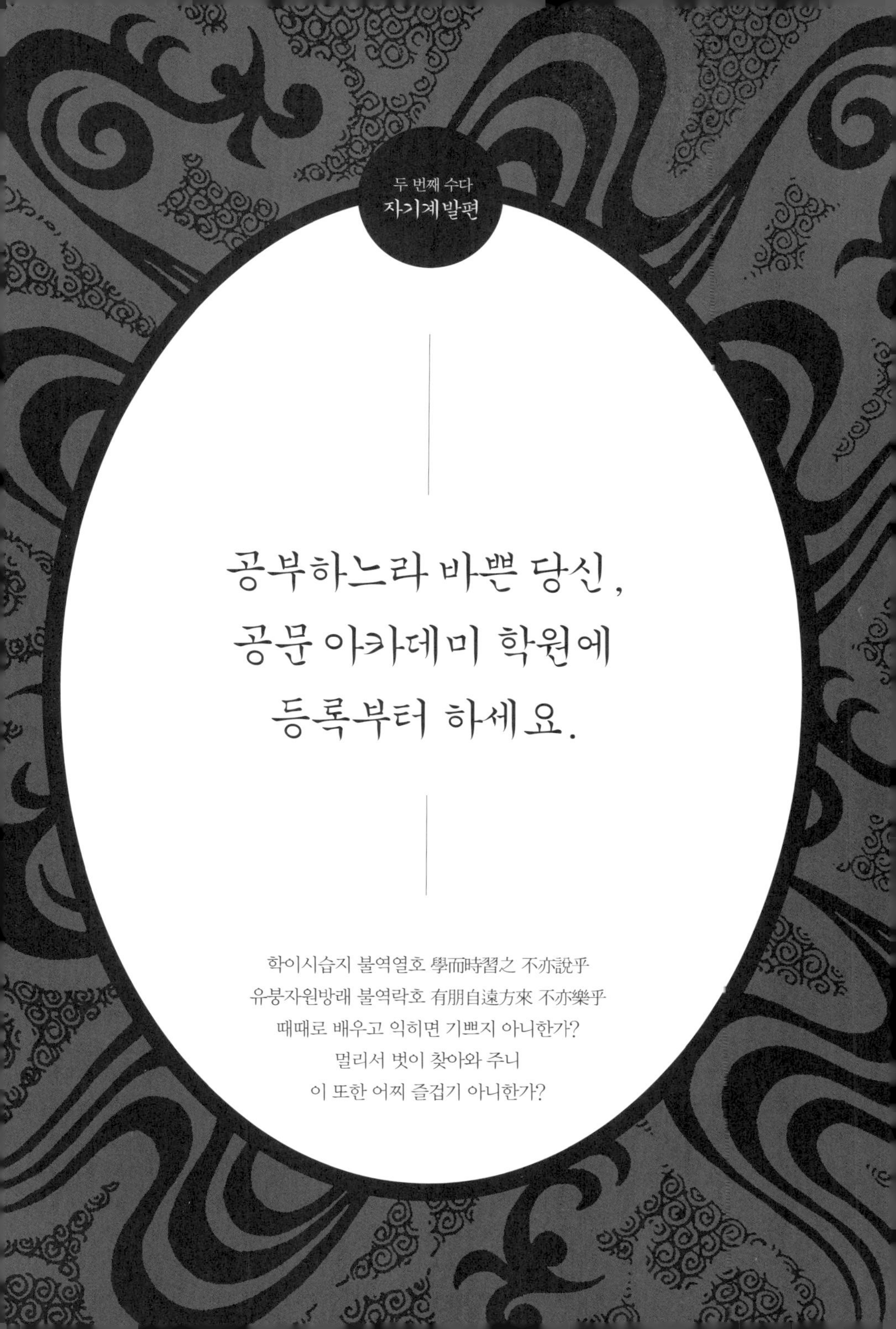

두 번째 수다
자기계발편

공부하느라 바쁜 당신,
공문 아카데미 학원에
등록부터 하세요.

학이시습지 불역열호 學而時習之 不亦說乎
유붕자원방래 불역락호 有朋自遠方來 不亦樂乎
때때로 배우고 익히면 기쁘지 아니한가?
멀리서 벗이 찾아와 주니
이 또한 어찌 즐겁지 아니한가?

1

'때때로' 배우고 익히니
즐겁지 아니한가?

공선생 어서 오십시오. 저는 공문 아카데미 학원 원장인 공선생입니다. 이렇게 저희 학원에 걸음을 해주시다니, 배움을 즐기시는 호학자이시군요. 역시 때때로 배우고 익히니, 인생이 참으로 즐겁지 않습니까? 선생님을 소개시켜 드리죠. 제 옆에 계신 분은 한선생님입니다. 에, 그리고 저기서 졸고 계시는 분은 노선생님입니다. 학문이 바다처럼 깊은 분이시죠. 조는 것 같아도 다 듣고 계세요. 하하하.

학생 저기요! 저 잠깐만요. 전 아직 등록할지 결정하지 않았어요. 그리고 저는 공부가 전혀 즐겁지 않은걸요. 공부라는 게 그냥 해야 되는 거 잖아요. 그래서 억지로 했을 뿐인데, 즐거움이라니 좀 웃기네요.

고전을 잡雜 수다

한선생 (버럭) 그럼 여긴 왜 왔니?

학생 어머! 반말. 날 언제 봤다고 반말이야. 학원 서비스가 뭐 이 따위야.

공선생 한선생님. 제발 자제 좀! 하하. 한선생님 성격이 워낙 돌직구 다 보니. 너그러이 이해해 주십시오. 배움의 즐거움을 모르다니, 참으로 안타깝군요.

아마 학생께서는 '나를 위한 공부 위기지학爲己之學'을 한 게 아니라 '남을 위한 공부, 위인지학爲人之學'을 하셨기에 즐거움을 느끼지 못했을 겁니다.

노선생 (갑자기 눈을 번쩍 뜨며 말하다.) 아가, 쓸데없이 왜 배우려고 하니? 배움을 끊으면 인생사 걱정이 없단다. 학원비 지출만 안 해도 인생 널널하지 않겠니?

공선생 (땀 삐질 삐질) 노선생님, 들어가서 편히 주무세요.

학원비는 말린 육포 한 묶음이면 되는데, 왜 자꾸 돈 이야기를 하십니까?

(학생을 돌아보며) 자꾸만 실례를 하는 군요. 그러니까 노선생님 말씀은 의도적으로 뭔가 가르치려는 걸 아무 생각 없이 배우는 것이 부질없다는 말씀입니다.

한선생 아, 참. 그 공선생. 말 한번 어렵게 하십니다.

공부 왜 해야 하냐고? 내가 이야기를 하나 해주지.

옛날 위나라에 어떤 농부가 밭을 갈고 있는데, 뭐가 덜컥하고 걸린 거야. 꺼내보니 참으로 이상한 돌덩이란 말이야. 이리보고 조리 보다가 옆집 농부한테 이게 뭐냐고 물었어. 옆집 농부가 보니 그건 돌덩이가 아니라 옥이었어. 옆집 농부는 가슴이 두근거렸지. 하지만 시치미를 뚝 떼고 말했어.

"이상한 돌이구먼. 이런 돌이 있으면 재앙이 있을지도 모르네. 퍼뜩 갖다 버리게나."

하지만 농부는 돌덩이를 집에 갖고 왔지. 밤에 보니까 그 돌이 반짝 반짝 빛이 나는 게 아니겠어. 겁이 덜컥 난 농부는 다시 옆집 농부에게 물었지.

"큰일 났구먼. 귀신이 들린 돌일세."

농부는 겁이 나서 돌을 멀리 집어 던졌지.

어둑어둑한 밤, 옆집 농부가 그 돌을 주워와 자기 집에 감췄지.

다음날 옆집 농부는 돌을 가지고 임금을 찾아갔어.

임금이 옥 세공가를 불러 감정을 시키니,

"임금님. 축하드립니다. 이렇게 귀한 옥을 얻으시다니." 이렇게 말하는 게 아니겠어.

임금은 옆집 농부에게 상을 잔뜩 내려주었지.

물론 옆집 농부는 옥을 발견한 농부에게 입을 싹 닦았지.

한선생 어때? 옥을 보고도 몰라본 농부가 될래? 공부 안하면 그리 되는 거야!

학생 음…… 뭐, 저, 그래도.

한선생 이런, 이런! 안 되겠구먼. 내가 이야기를 하나 더 해주지.

위나라에 장의라는 사람이 있었어. 장의는 귀곡선생에게서 공부를 했지. 공부를 했으니 이제 취직을 해야 할 거 아냐? 자기 소개서를 들고 초나라 재상에게 갔어. 초나라 재상은 마침 여러 사람들과 잔치를 하는데, 장의도 한쪽 구석에 쪼그리고 있었지. 자기PR 할 타이밍을 보고 있었던거야.

그런데 갑자기 떠들 썩 한 거야. 재상이 아끼던 구슬이 없어졌다는 거지. 사람들은 낯선 장의를 의심의 눈초리로 보았어. 장의가 아무리 아니라고 해도, 꼼짝없이 도둑으로 몰려 몰매를 맞았어.

만신창이가 되어 집에 와 보니 마누라가 그러는 거야.

"어이구, 그 잘난 공부를 했더니 이 모양 이 꼴이 되었수다."

장의는 낑낑대면서 혀를 쭉 내밀며 말했지.

"내 혓바닥은 잘 붙어 있소?"

어안이 벙벙한 마누라가 말했지.

"예. 혓바닥은 말짱합니다. 그려."

"그럼, 됐소."

장의는 이렇게 웃어 넘겼지.

그런 농담을 할 여유가 어디에서 나왔겠어? 그게 다 공부한 사람들의 여유이고 자신감이지.

암튼 젊어서 생고생을 좀 했지만 장의는 훗날 진나라 재상이 되었지. 그리고는 초나라 재상에게 선전포고를 하면서 이런 말을 덧붙였지.

"지난날 내가 당신과 처음 만났을 때, 구슬을 훔치지도 않았는데도 나를 도둑으로 몰아 몰매를 때렸지요? 그래, 구슬은 찾았습니까? 이제 당신 나라나 잘 지키시오. 내가 당신 나라의 성읍을 지금 훔치러 가고 있소이다."

한선생 어때? 복수가 짜릿하지 않아? 성공하려면 공부해.

우물쭈물하지 말고 저기 가서 수강신청이나 하고 와. 어서. 퍼뜩!

고전을 잡雜 수다

고전 포커스

밭에서 옥을 주웠지만 몰라본 농부에 대한 이야기는 〈전국책〉에 나와 있고, 장의에 대한 이야기는 사마천의 〈사기, 장의 열전〉에 있습니다.

장의는 전국시대 위나라 사람으로 위, 조, 한나라 등 6개국을 설득하여 진나라를 중심으로 하는 종횡술의 동맹관계를 맺게 한 사람입니다.

2

노느니 이 잡는다고,
공부나 합시다

어떤 고전을 수강신청할까 살짝 고민이세요? 이렇게 생각해 보세요.
학생께서 여행을 가려고 합니다. 여기 같이 가고 싶어 하는 남자들
이 많이 있습니다.

자, 한 번 골라 보세요.

1번 남자는 "우리 계획부터 세우자. 사전 조사를 잘 해야 알찬 여
행이 되지."

2번 남자는 "일단 가자. 여행이란 가봐야 알지."

3번 남자는 "누구랑 갈 건데? 어디로 갈 건데? 그게 여행의 핵심
이야"

4번 남자는 "가면 가고, 못가면 못가는 데로, 우리 너무 애 쓰지
말자."

잘 모르겠다고요? 사실 1번 남자는 공자랍니다. 공자는 항상 기승전결, 자세히 알고 일을 도모하는 스타일이지요. 이 남자는 인기가 엄청 많습니다. 인기가 많다는 건 많은 사람들로부터 인정을 받았다는 거지요. 믿고 보는 남자랍니다.

2번 남자는 장자입니다. 장자는 늘 이렇게 말하지요.

"계획은 중요하지. 하지만 모든 일은 계획대로 안 돼. 그러니까 일단 가 봐. 경험이 무엇보다 중요해. 사람은 그 경험을 통해 배우는 거야."

행동파 스타일의 이 남자는 어떠세요?

3번 남자는 맹자입니다. 이 남자는 좀 셉니다. 꼬치꼬치 잘 따지고, 논리 정연하지요. 빈틈이 없어요. 하지만 그 어떤 상황이 닥쳐도 상황에 딱 들어맞는 해법을 제시하는 남자랍니다. 문제해결 능력이 출중한 멋진 남자예요.

4번 남자는 나이가 많네요. 예. 늙었습니다. 맞아요! 노자입니다.

술에 술 탄 듯, 물에 물 탄 듯 흐리멍덩해도 그게 진짜 진국이지요. 살다보면 노자 말에 고개가 끄덕 끄덕여질 걸요.

여행이란 잠시 쉬는 거잖아요. 이 남자랑 가면 마음이 편안해질 겁니다.

공부하느라 바쁜 당신, 공문 아카데미 학원에 등록부터 하세요.

음. 이 남자들 모두 맘에 들지 않습니까? 괜찮습니다. 또 다른 남자들도 많이 있어요.

혹시 "한비자"는 어떠십니까? 한비자랑 같이 가신다면 괜히 마음 주고 감정 상하는 것보다 처음부터 계약을 하고 가시는 게 좋을 겁니다. 이 남자, 일처리가 깔끔하지요. 이 남자는 대 놓고 좋아하긴 거시기 해도 은근 끌린답니다. 매력적인 남자예요.

아, 여기 한 남자가 할 말이 있답니다. 이 남자 이름은 "손자"입니다.

손자가 말하길

"여행이란 다섯 가지에 따라 달라지는데, 각 상황을 비교하고 탐색해야 하는데, 각설하고 같이 갈 일행을 고르신다면 지혜로운 자, 믿음이 있는 자, 어진 자, 용감한 자, 엄격한 자 이렇게 다섯으로 나눌 수 있답니다. 자신은 어떤 사람인가요? 자기를 알고 타인을 안다면 절대 여행이 실패하지 않을 겁니다."

흠, 손자가 대 놓고 말하지 않았지만, 실은 이 다섯 중에 누가 나은지, 누가 더 좋은지 우열을 가리지 마시래요. 할 수 있다면 모두 다 데려 가라는데요.

어때요? 이 남자들 몽땅 다 데려 가시는 게?

고전을 잡雜 수다

한 명의 왕자님과 수많은 흑기사들, 왜 골라야 합니까? 다 가져도 됩니다.

그럼, 종합반으로 수강신청 해드릴까요? 단과반이 아니라 종합반으로 수강신청하신다면 교재는 공짜로 드릴 수 있습니다. 아, 조금 생각해 보신다구요. 그럼, 여기 선생님들 프로필 드릴 테니 참고해보세요.

❖ 공자 프로필 ❖

이름 : 이름은 구됴요, 자는 중니(仲尼), 존칭은 공부자, 영어명: Confucius

이름의 뜻 : 이구산尼됴山에서 기도를 하여 얻은 아들인데, 날 때부터 머리가 짱구라서 구(됴: 언덕)라 함.

• BC 551년 ~ BC 479년 노나라 (춘추전국시대,) 산둥성 취푸시 출신

별명 : 상갓집 개

가족관계 : 아버지 숙량흘은 워낙 노익장이라 70살이 넘어 16살의 어머니 안징재와 결혼했으나 정식 혼인관계는 아니었음. 어머니 직업이 무당이라는 설이 있음.

9녀 2남중 막내이자 둘째아들로 태어남.

19세 때 송나라 기관씨의 딸과 결혼했으나 부인이 공자의 깐깐한 성격을 못 견뎌 가출했다는 소문이 있음, 검증되진 않았음.

공부하느라 바쁜 당신, 공문 아카데미 학원에 등록부터 하세요.

1남 1녀를 둠. 아들 리는 鯉 득남 축하선물로 받은 잉어를 이름 삼고

딸은 제자인 공야장에게 시집보냈는데, 공야장은 새의 말을 알아듣는 재주가 있

었음.

신체 특징 : 키가 9척6촌(단위환산이 지금과 달라 정확한 키는 모르지만 암튼 엄청

꺽다리임.) 목소리는 언제나 낭랑하고 절대 빨리 말하지 않음. 걸음걸이는 총총.

성격 : 배움을 좋아하고 습득속도도 빠름. 능력자.

어린 시절 고생을 많이 해서 못하는 게 없음. 반듯하고 단정하며 공손하고 조심성이

많음. 늘 온화하고 인자하지만 은근 까다로움. 밥 먹을 때나 잠들기 전에는 말을 거

의 않고, 수다를 싫어함(할 일 없으면 차라리 바둑이나 두라고 함, 말 잘하는 사람을

무척 싫어함. 하지만 본인은 엄청 말을 잘함. 아주 가끔 제자들 뒷담화도 함)

자기 자랑도 잘함.

남을 품평하지 말라고 했지만 품평 요청이 들어오면 돌직구로 대답해줌.

직업 : 교사. 최초이자 최대, 최고의 공무원 학원 학원장 겸임 (학원에 입학하여

3년만 배우면 공무원 합격은 따 놓은 당상! 학원비는 고기 한 덩어리, 졸업생은

3000명 이상. 졸업생들 스펙 장난 아님.)

자격증 및 경력, 특기 사항 : 최고 레벨의 장례지도사 (최고 권위자임)

창고지기, 축사지기 공무원 경험 있음 . 13년간 세계일주 경험 있음 (중국대륙한정)

역경(易經) 시경(詩經), 서경(書經), 춘추(春秋)와 예기(禮記)등을 편찬하였고, 사후

고전을 잡雜 수다

그의 말과 행동을 제자들이 기록한 〈논어論語〉가 있음 (현재 절찬 판매 중, 언제나 밀리언셀러)

활쏘기, 4륜 마차 몰기, 창던지기도 잘하고 글쓰기도 잘함.

노래와 거문고 연주가 탁월함 (대단한 음악애호가로서 음악평론가로도 활동 중. 좋은 음악을 들으면 그 음악에 심취하여 3개월 동안 고기 맛을 잊어버릴 정도. 같이 노래 부르기도 좋아하는데, 잘 부르면 반드시 앵콜을 요청하고 자신도 따라 부르는 버릇이 있음)

어린 시절 : 제사지내기 놀이를 좋아했다고 함(떡잎부터 장례 지도사 소질이 엿보임). 열다섯 살에 학문에 뜻을 두고, 서른 살에 바로 서고, 마흔 살에는 미혹되지 않고 쉰 살에는 천명이 뭔지 알게 되고, 예순 살에는 귀가 순해지고 일흔 살에는 마음이 움직이는 대로 행동해도 법도에 어긋나지 않음.

기타 사항 : 패션스타일이 확고함.

(옷깃에 보라색이나 주홍색은 NO! 외출복은 레이어드 스타일의 갈포 옷으로, 깔맞춤을 좋아함. 검은 옷에는 검은 양털가죽, 흰 옷에는 새끼사슴 흰털가죽. 노란 옷에는 여우 털가죽. 평상복은 롱~스타일로, 하지만 오른쪽 소매는 짧게. 단 붉은색이나 자주색은 NO! 잠옷역시 롱 스타일이나 여우나 담비털가죽으로 두툼하게. 목욕 후에는 밝고 깨끗한 삼베옷. 액세서리는 패옥. 하지만 조문할 땐 미착용.)

식성이 조금 까다로움. (밥은 고운 쌀밥, 회는 반드시 가늘게 썰 것. 제철 음식으로

공부하느라 바쁜 당신, 공문 아카데미 학원에 등록부터 하시요.

야채는 늘 싱싱하게. 색깔이 나쁘거나 조금이라 변하면 절대 안 먹음.

간이 잘 맞아야 하고 그릇에 담아 낼 때는 언제나 반듯한 모양. 고기를 좋아하지만 많이 먹지 않음. 술은 주량이 한정 없음. 절대 취하지 않음. 음식을 먹기 전에는 언제나 고수레~를 하는 습관이 있음.)

생활습관은 매우 모범적.

(앉는 자리가 정돈되어 있지 않으면 앉지 않음. 수레 탈 때는 언제나 안전하게 손잡이를 잡고 손가락질은 절대 안함. 인사는 매우 잘함. 천둥이 심하게 치거나 바람이 거세게 불면 얼굴빛이 달라짐. 아랫사람에게 불쑥 불쑥 잘 물어봄. 전혀 꺼리지 않음.)

인생관 : 보수적 성향이 농후하나 때때로 파격진보일 때도 있음. (요. 순임금이 자신의 롤 모델이다 보니 주나라의 문화와 제도를 회복하여 세계평화 질서를 잡는 게 하늘이 자신에게 준 사명으로 여기고 있음.)

총평 : (어디까지나 개인적인 의견임.)

도에 뜻을 두어, 덕을 바탕으로 인에 의지하여 예술의 세계에서 노니는 사람이었으니, 시에 감흥을 일어나 예를 통해 자립하고, 음악에서 완성했다고 봅니다. 약간 여혐 성향이 있으나 그다지 문제될 것은 없습니다. 공자의 말을 직접 들어보면. "여자와 소인은 다루기 어렵다. 가까이 하면 불손하게 굴고 멀리 하면 원망을 한다."

말을 요로코롬 하니 당연히 원망을 들어 마땅하겠지요?.

군자만 그릇이 아니라 여자도 그릇이 아니라는 걸 몰랐던 것 같습니다. 여자는 다루지 말고 존중해야 한다는 걸 배울 기회가 없었을 뿐입니다. 하지만 공자는 배우는 걸 좋아하고 배움이 더딘 사람이 아니니 여러분을 통해 배울 수 있지 않겠어요?

아, 참 이 분을 모셔 가면 부록으로 딸려오는 남자들이 수두룩합니다. 우우빛깔 안회, 재력 빵빵 자공, 짐승남 자로, 니 귀에 캔디 재아, 그 이외에도 민자건, 염백우, 중궁, 기타 등등. 인기 아이돌 '공문17' 외에도 데뷔한 인물 72명, 연습상은 무려 3000명입니다.

이 중에 그대 맘에 드는 남자 없겠습니까?

❖ 사마천 프로필 ❖

이름 : 천. (BC 145? ～BC 86 ? 한무제 시절) 한나라 섬서성 용문 출생

이름의 뜻 : 시경의 "출자유곡 천우교목(出自幽谷, 遷于喬木 새가 깊은 계곡게서 높은 나무위로 날아가다)"에서 천(遷)을 따옴. 높은 곳으로 날아올라가라는, 즉 출세하라는 아버지의 소망이 가득 담긴 이름.

직업 : 황실의 도서관장, 황제의 비서실장,

가족 : 아버지 사마담

스승 : 공안국,(고대문자 해석가) 동중서(당대 최고의 유학자. 유교의 국교화 추진)

신체 특징 : 곱상함 ⇦ 목소리가 가냘픔 ⇦ 수염이 없음 ⇦ 궁형으로 인한 고환제

거. 하루에도 몇 번씩 수치심과 화병으로 인한 장 경련과 식은땀 줄줄 증상 있음.

성격 : 강직하고 융통성이 없음. 자존심 하늘을 찌름.

현실 비판주의자. 말을 엄청 잘함. 글도 잘 씀.

인생관 : 진보적 성향 뚜렷. 약간의 유물주의자 성향이 있음.

하늘과 인간의 관계를 긍정하는 척 하지만 실은 인간이 주체라고 주장함.

자격증 및 경력, 특기사항 : 자료수집 덕후 , 공부가 특기임

그의 저서 〈사기〉는 고전기록 검색토털임. (상고시대부터 전한무제 때까지 사건,

사고, 인물 검색하면 다 나옴.) 국가공인 점성술가.

태음력을 태양력으로 고침(전욱력 ▷ 태초력) : 인류 과학사에 큰 영향을 미침

태산에 올라가 하늘에 제사를 지내는 봉선의식 총감독관.

지제(땅에 지내는 제사)책임자.

이력 : 어린 시절부터 아버지의 불타는 조기 교육!

10세에 고전 "좌전"과 "국어"를 줄줄 욈.

20세 유학길에 오름, 강남, 산둥, 허난 등의 지방 여행 (비서실 문서담당 재직중),

36세 아버지 사마담이 봉선의식에 참석 못함을 분하게 여기다 화병으로 사망.

황실 도서관 관장이 됨.

아버지의 유언이자 집안의 오랜 숙원 사업인 "사기 " 의 자료수집시작

41세 달력수정작업 시작

(당시 사용 중인 태음력을 태양력으로 바꿈. 한 해의 시작이 10월에서 1월로 바뀜.

동지는 11월로 고정.)

48세 때 '이릉의 화'에 연류

: 이릉장군이 흉노에 항복한 것은 중과부족으로 어쩔 수 없는 일이었다. 그 책임

은 작전을 잘못 짠 이광리(황제가 총애하는 이부인의 오빠)에게 있다고 주장함.

자신이 을임을 인지 못하고 감히 슈퍼 갑의 죄를 추궁. 심지어 이릉장군과 친분도

없었음 ㅠㅠ 결론은 ⇨ 감옥 ⇨ 궁형!!!!

50세 사면령, 감옥에서 나옴. 황제 비서실장으로 임명

54세 〈사기〉완성 : 본기 12권, 연표 10권, 서 8권, 세가 30권, 열전 70권으로 총 130

권 52만 6천 5백자로 구성됨. : 초판발생시 "태사공서"라 불렀으나 후대로 와서

"사기"로 불림.

총평 : 중국 역사의 아버지라 일컬어지는 사마천은 동양최고의 역사학자입니다. 집

안, 배경, 신분, 남녀 구별 없이 공평 정대한 잣대를 들이대는 사내입니다. 멀리서 보

면 정말 멋진 남자이긴 하나 사적으로 가까이 하기에는 조금 벅찰 수 있습니다.

지나치게 똑똑한 게 흠이라면 흠이지요. 하지만 정치성향이 황로사상(노자)인 걸

보면, 사람 속을 누가 알겠습니까? 사내로써 힘든 치욕을 꺾은 상처 입은 야수입

니다. 이 남정네를 품어 줄 만큼 그대 가슴이 넉넉하시다면, 사마천은 그대 인생

최고의 가이드가 될 겁니다.

❖ 한비자 프로필 ❖

이름 : 한비 (BC 280? ~ BC 233 춘추전국시대 말기 한韓나라)

별명 : 동양의 마키아벨리, 권모술수의 제왕

직업 : 왕자, 정치 평론가.

아버지 : 한나라 왕

스승 : 순자(당대 최고의 석학, 스스로 공자의 학통을 이은 유가였다고는 하나 후대의 평가는 법가로 보는 경향이 우세) 한비는 순자의 수제자였으나 (만년 2등은 친구 '이사') 유가를 부정하고 법가인 상앙과 신불해의 학통을 이어 법가를 집대성함.

신체특징 : 말더듬이.

성격 : 지나치게 냉정하고 융통성이 없음. 칼 같은 일처리. 옳고 그름에 대한 판단은 신속정확. 은근히 유머감각 있음. 불타는 애국주의자. 내성적인 천재의 면모를 보임.(동문수학한 친구 이사로 하여금 열등감과 자괴감을 들게 함)

인생관 : "법法이 곧 예禮 다."

자격증 및 경력, 특기사항 :

가난하고 힘없는 나라의 왕자, 그것도 직계가 아닌 방계.

비유의 달인 (건드리면 죽는다는 역린, 토끼가 그루터기에 머리 박기를 기다리는 농부 수주대토, 창과 방패의 모순 등등)

옛이야기, 전설, 속담 등 구비문학 수집가 : 〈한비자 설림편〉은 중국 최초의 단편 소설집이라 주장하는 사람도 많음.

'제왕학'이라는 새로운 학문을 만듦.

이력 : BC 280?년경 왕실의 일원으로 태어남.

30살 즈음. 활발하게 국정개혁에 대한 글을 올림.

자신의 조국 한나라에서는 반응이 냉담했지만 다른 나라에서는 인기폭발.

44살 즈음. 진나라에서 여불위가 실각하고 한비의 친구 이사가 실권을 쥠

⇨ 진나라의 천하통일을 위해 한나라를 공격하자는 여론이 일어남

46살 즈음. 한비가 쓴 글 〈고분〉과 〈오두〉를 훗날의 진시황이 읽음.

"아, 이 글을 쓴 사람이랑 이야기라도 나눠봤으면 죽어도 여한이 없겠다."

이사가 그 글은 한비자가 쓴 것임을 알려줌.

진시황은 한나라에 한비자를 진나라로 보내줄 것을 요구함.

47살 즈음. 진나라에 사신으로 온 한비자.

이사가 말하길 "한비자는 한나라의 왕자입니다. 자기 나라를 위해 일하지 절대 진 나라를 위해 일하지 않을 겁니다. 그를 한나라로 돌려보내는 것은 후환을 남기는 일입니다. 죽이십시오."

한비자가 감옥에 갇히자 이사는 독약을 주면서 명예롭게 죽으라고 함.

진시황이 그를 방면하려 했을 땐 이미 한비자는 죽고 없음.

하지만 진시황은 한비자의 비책대로 철저하게 따름.

한나라 진나라에 복속.

한비자 사후 그를 추앙하는 무리들이 그의 글을 모아 나만 알고 싶은 비법서 〈한비자〉를 만듦.

총평 : 사는 게 더럽고 아니꼽나요? 어설픈 위로, 무한 긍정주의자를 보면 화딱지가 솟구치시나요? 한비자를 그대의 품으로 데리고 가십시오. 그대 영혼의 동반자, 소울 메이트입니다.

한비자는 멀리 넓게 보라고 하지 않습니다. 지금 당장 당신이 할 수 있는 일을 알려줍니다.

그대의 속마음을 들키고 싶지 않다면 말조심해라. 똑똑하게 굴지마라. 사람들이 자꾸 무언가를 감추게 된다. 그대가 멍청하게 군다면 사람들은 그대를 기만하려 든다. 그러므로 허허실실, 무위만이 사람 속을 엿볼 수 있다.

당장은 효과 짱입니다. 그러나 자기 덫에 자기가 걸린다는 사실을 절대 잊으시면 안 됩니다. 중이 제 머리 못 깎는다는 말이 있지요? 한비자가 딱 그 꼴입니다. 그의 저술 〈한비자, 외저설〉에 보면 강태공이 제나라의 은자 광율과 화사를 죽인 이야기가 있습니다. 군주의 뜻대로 움직이지 않는 말이라면 아무짝에 쓸모가 없을 뿐 아니라 다른 말들의 표본이 되니 죽이지 않을 수 없다고 하지요. 친구 이사가 진시황에게 한비자를 죽여야 한다고 말했을 때도 이와 똑같은 논리였습니다. 이래서 사람은 덕이 있어야 하는 겁니다.

그러나 급할 때는 진통제! 안 먹습니까?

집안의 상비약처럼 반드시 있어야 하는 사람, 한비자입니다.

❖ 장자 프로필 ❖

이름 : 주周 (BC 369? ~ BC 289? 혹은 BC 475? ~ BC 221?)

춘추전국시대 송宋 나라 몽현지역 출생

가족 : 아내와 애들 몇 명

친구 : 명가의 대표적 인물인 혜자와 절친.(맹자와도 동시대 인물이나 교류는 없어 보임)

직업 : 스토리텔러. (거의 서양의 이솝 수준.) 짚신 장수.

젊었을 때 잠시 칠원이라는 옻나무 밭에서 일한 경험 있음.

신체특징 : 몸은 여위고 얼굴은 누렇게 뜸. 늘 지치고 피곤해 보이지만 눈빛만은 살아있음. 빈티지 스타일 (더덕더덕 패치워크 스타일의 옷과 구제 옷을 즐김. 왕을 만나러 갈 때도 변함없이 당당한 패치워크.)

특이사항 :

워낙 미스터리한 인물이라 실존인물이 아니라는 설도 유력. 해학과 풍자의 달인.

매우 박학다식하여 초나라 위왕이 재상으로 초빙하였으나 단칼에 거절함.

"나, 그냥 진흙탕에서 꼬리 끌고 다니는 거북이가 될래."

언뜻 보면 미친 사람으로 보일 수도 있음. (이는 참새가 봉황의 뜻을 헤아리지 못하기 때문으로 해석됨.)

아내가 죽었을 때 바가지를 두들기며 노래를 부르고 춤을 춤(조문왔던 친구 혜시가 미쳤냐고 꾸짖자 난들 왜 안 슬프겠냐? 하지만 생각해보면 아내는 '큰 방'에 누워 있는 것뿐이네. 원래 있던 자연으로 돌아간 것이니 슬퍼할 일은 아니지 라고 말함. 쩝! 그렇다고 노래하고 춤을 출 것까지야. 하긴 뒷간에서 웃는 놈들보다 왠지 낫긴 함)

성격 : 허무주의자. 이기고 지는 게 무슨 의미냐고 하면서도 절대 말로는 지지 않음. 부조리하거나 불합리한 일을 보면 절대 그냥 지나치지 않는 독설가.(쇠붙이 하나 훔치면 죽고 나라를 훔치면 왕이 되지!)

강한 자에게 아첨하거나 출세하려고 용쓰는 사람들을 비웃는 냉소주의자.(진나라 왕은 고름을 빨아주는 사람에게 수레 한 대, 치질을 핥아주는 사람에겐 수레 다섯 대 준다던데, 그대는 참 수레를 많이도 얻었구려. 그대는 치질을 몇 번씩이나 고쳐주었소?)

인생관 : "내가 나비의 꿈을 꾼 걸까?, 나비가 내 꿈을 꾸는 걸까?"

생태. 자연주의자. 도道는 천지만물의 근본. 저절로 움직이며, 거미, 기왓장, 똥, 오줌 속에도 있다는 범신론자. 정신적 자유의 세계를 상징하는 무하유지향에서 홀로 노닐겠다는 무한 자유주의자.

총평 : '세상사는 게 거기서 거기지 뭐. 무슨 영화를 보겠다고 내가 이 고생인가?'

하는 허무감이 불쑥 찾아 올 땐, 장자를 찾아오세요. 인생이라는 게 너무 허무해

서 저절로 밝고 긍정적으로 살게 된답니다. 이래도 좋고, 저래도 좋으니 안 될 것

도 없고, 못할 것도 없지요.

패배감이 살짝 감도시나요? 하지만 절대 승복하고 싶지 않을 때는 장자와 술 한

잔 기울려 보십시오. 진정한 '정신승리'가 무엇인지 알게 해 줄 겁니다.

그대가 장자를 가지게 된다면, 그대 비록 아무 것도 가진 게 없다 하여도 그 어디

에서든 절대 쫄지 않을 겁니다.

❖ 맹자 프로필 ❖

이름 : 이름은 가(軻), 자는 자여(子與) 또는 자거(子車).

BC 372년? ~ BC 289년? 추나라 출신으로 공자의 출생지와 가까움.

직업 : CEO전문 컨설턴트.

만년 야당 총수(야당의 당론은 도덕 으뜸! 부정부패척결, 농업 장려. 민생 안정, 토

지 제도 개혁. 관세 철폐. 상품의 유통 활성화 주장. 역성혁명도 오케이!)

양주(楊朱), 묵적(墨翟)의 사상을 극혐.

양주 왈~

"몸의 털 하나 뽑아서 세상을 이롭게 할 수 있다 해도 나는 그렇게 하지 않겠다. 사람마다 털 안 뽑아도, 또 사람마다 굳이 천하를 이롭게 한답시고 달려들지만 않아도 천하는 저절로 잘 굴러간다. 그러니까 쓸데없는데 나서지 말고 너 자신을 위해 살아라."

맹자 왈~

"묵적이 말하길 남의 자식이나 내 자식이나 똑같고, 내 아비나 남의 아비나 똑같다는 데, 그게 어찌 사람이냐? 하지만 묵적은 천하의 호로 자식이라 할지라도 머리끝에서 발뒤꿈치까지 온몸이 다 닳도록 천하를 이롭게 하기 위해 노력했다, 근데 양주 너는 뭐냐? 나 자신만을 위해 살라고? 너무 이기주의 아니냐?

아~ 천하에 양주와 묵적의 말이 가득하구나. 사람들을 현혹시키는 말이로다. 정치는 의(義)에 의해 나아가야만 하지 이(利)에 의해 끌려가서는 안 되는 걸 왜 몰라! 너희 두 녀석 때문에 공자님의 말씀이 천하에 드러나지 않는 거야!!"

아버지 맹격(激) : 노魯나라 희姬씨의 귀족공자貴族公子 경부庆父의 후예.

어머니 장(仉)씨 : 자녀교육의 일인재! 자식 교육을 위해 이사를 세 번이나 함.(맹모삼천지교孟母三遷之敎로 유명.) 말 타다 넘어져 집에 돌아온 아들에게 공부진도를 물어봄. 하다 아니 함은 이와 같다며 베틀을 싹둑 자름.

스승 : 자사(증자의 제자이자 공자의 손자임)

성격 : 카리스마 작렬! 호연지기 넘침. 약간 폼생폼사 기질이 있음.(왕을 만나러 갈

때는 언제나 화려한 마차를 타고 수많은 제자를 거느리고 감. 맹자의 행렬을 구경하기 위해 사람들 몰려나옴)

인생관 : 보수주의자이며 이상주의자. 능력 없는 놈들이 힘으로 복종시키려들지, 그거 오래 못 가! 덕으로 대하면 사람들은 기뻐하면서 저절로 복종한다.

사람은 모두 선하다. 네 양심의 소리에 귀만 기울이면 돼.(우물에 빠지려는 아이를 구해주지 않으려는 사람이 있겠냐? 이 마음이야 말로 측은지심이다.)

이력 : 3살 때에 아버지를 잃고 홀어머니 밑에서 성장했는데, 말썽꾸러기 소질이 다분했음. 그러나 어머니의 교육열이 장난 아니었음.

50살 즈음부터 자신의 왕도정치를 실현시키기 위해 양나라, 제나라 등을 돌아다니면서 유세를 함. 하지만 받아들여지지 않자 제나라 위왕이 선물로 준 황금 100일(鎰, 1일은 20 또는 24냥)도 거절하면서 떠나버림.

54살 즈음 어머니의 화려한 장례식으로 인해 구설수에 오름.

훗일 제나라 위왕이 죽고 선왕이 즉위하자 맹자는 제나라로 객경벼슬을 지내는데, 제나라와 연나라의 전쟁이 있었음. 다른 나라에서 연합하여 연나라를 구하려 하자 맹자는 연나라의 포로와 기물을 돌려주고 철수하자고 건의했지만 제나라 왕이 따르지 않음. 결국 제후들의 연합국과의 전쟁으로 제나라 대패함.

70살 즈음 맹자는 이 일로 인해 사직하려 하자 제나라 선왕은 학교를 만들어 줄 테니 제자를 길러달라고 제안함.

'나의 왕도정치는 정녕 실현이 불가능하단 말인가? 아니다. 훗날 후생가외 할 사람이 나오지 않겠는가?'

맹자는 자신의 고향 추나라로 돌아옴. 제자들과 함께 〈맹자〉 책 완성.

총평 : 온 천하가 싸움에만 몰두하고 전쟁만을 능사로 여기던 시절, 맹자는 용감하고 당당하게도 인의를 바탕으로 한 도덕을 주장했지요. 각국의 왕들은 맹자의 말에 토씨하나 제대로 달지는 못했지만, 당연히 그를 채용하진 않았습니다.

겁이 없어 맹랑한 당신, 대의명분을 가진 맹자와 함께라면 호랑이에 날개를 단 듯 거침없이 앞으로 나아갈 수 있을 겁니다. 또한 젊어서는 진보를 외쳤지만, 마흔이 넘어서면서부터 진정한 보수, 올바른 보수가 무엇인지 알고 싶어 한다면 꼭! 맹자를 만나러 오십시오. 맹자가 그대의 등불이 되어 줄 것입니다.

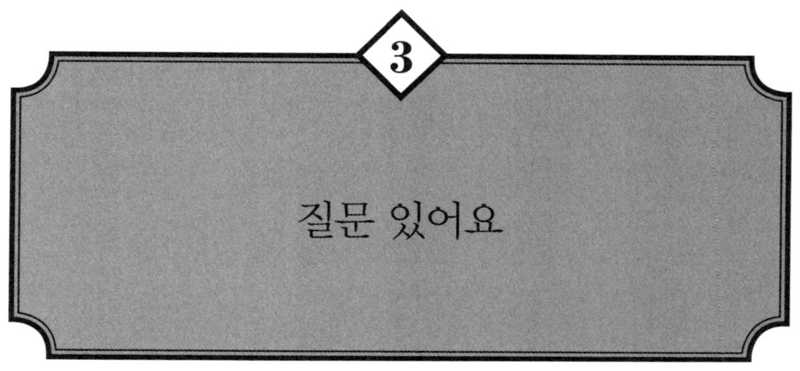

질문 있어요

궁금하지만 차마 묻지 못했던 질문, 맘껏 물어봐 주세요. 일문일답, 아니 일문 장~답으로 순자씨가 답해 드리겠습니다.

Q 왜 동양고전을 배우는데 꼭 중국고전이죠? 우리 고전으로 공부하면 안 되나요?

A 당연히 우리 고전으로 공부해도 훌륭하죠. 하지만 우리 역시 황하문명의 한자 문화권에 속해 있잖아요. 황하문명은 중국 한족만의 고유문화가 아닙니다. 황하문명에 속하는 사람들 모두가 함께 공유하면서 발전시켜왔습니다. 그래서 중국고전을 동양고전이라고 합니다.

중국 고전을 공부하는 것은 그물의 벼리를 움켜쥐는 것과 같습니다. 그러니까 커다란 여행 가방을 보듬고 가는 건 불편하잖아요. 손잡이를 잡고 끌고 가면 낫죠? 당연히 그 커다란 여행가방속에는 주옥같은 우리 고전도 들어있습니다.

Q 고전을 공부를 하면 실생활에 무슨 도움이 되죠? 인생이 달리 보인다든지 몸가짐이 바르다는 둥, 말하는 것도 고상해 진다 그런 원론적인 대답은 싫어요. 당장 어디에 써 먹을 수 있는지 그걸 알려주세요.

A 하하. 그런 원론적인 대답을 노생상담老生常譚이라고 하지요. 늙은이가 늘 하는 말로 이미 들어서 다 아는 이야기이지요. 진리는 항상 가까이에 있는 법이랍니다. 하지만 그런 대답을 원하지 않으신다고요?

군자의 학문은 귀로 들어와서 마음에 새겨져 온몸으로 퍼져 행동으로 나타나게 됩니다. 하지만 소인의 학문은 귀로 들어와서 입으로 나가지요. 우리는 군자가 아니라 소인이니까 귀로 들어와 입으로 나가게 하는 방법을 한 번 써 먹어볼까요.

소인의 학문만 해도 재치 있다, 똑똑하다는 말을 듣게 될 겁니다. 게다가 조금 유머를 더하여 패러디까지 하면 인기 폭발입니다.

예를 들어 '맹자왈 순천자흥, 역천자망(孟子曰 順天者興, 逆天子

亡) 맹자가 말하길, 하늘의 뜻을 따르는 자 살 것이고, 하늘을 거슬리는 자는 망할 것이다.' 이 말을 ' 나를 따르는 자 살 것이고, 나를 거스른 자 죽는다. 또는 아내가 남편에게 말하길, 아내의 뜻을 따른 남편은 흥할 것이고, 아내의 뜻을 거스른 자 인생 고달플 것이다.' 뭐 이렇게 패러디해보는 건 어떨까요, 쉽죠?

고전은 저작권이 없습니다. 누구나 갖다 쓸 수 있지요. 오늘날 상황에 맞춰서 얼마든지 환골탈태換骨奪胎 시킬 수 있습니다. 고전은 당신의 말빨을 당장 업그레이드시켜 줄 겁니다.

Q 그러면 공부는 언제 끝나나요? 설마 죽을 때까지?

A 배움이 행동하는 데 까지 이르면 그게 끝이죠. 듣지 않는 것이 듣는 것만 못하고, 듣는 것이 보는 것만 못하고, 보는 것이 아는 것만 못하지요. 아는 것은 행동하는 것만 못하는데, 배움이 행동에 이르면 그친다고 합니다. 행동하면 밝아지고, 밝아지면 성인聖人이 된 것이니까요.

Q 솔직히 고전 어려워요. 쉽게 접근하는 방법 없어요?

A 이야기는 어때요? 처음부터 어려운 책을 보지 말고 이야기로

공부하느라 바쁜 당신, 공문 아카데미 학원에 등록부터 하세요.

엮인 책을 보라고 권하고 싶어요. 나보다 빨리 달려간 차들도 죄다 신호등 앞에 모여 있잖아요. 어차피 신호등 앞에서 다 걸려요. 학문의 세계로 건너갈지 말지는 그때 판단하세요.

이야기를 읽을 땐 서두르지 마세요. 잠시 끊어 읽기와 다르게 읽기 방법을 써보면서 천천히 읽어 보세요. 예를 들어 사마천의 〈사기, 골계열전〉에 나오는 순우곤 이야기를 함께 읽어볼까요.

중국 전국시대 때, 제 나라 왕이 순우곤에게 심부름을 시켰다.

"따오기를 초나라 왕에게 갖다 주어라."

하지만 초나라에 도착한 순우곤의 손에는 빈 새장뿐이었다. 순우곤은 초나라 왕에게 말했다.

"제나라 왕께서 신에게 명하시길 따오기를 폐하게 받쳐라 하셨습니다."

초나라 왕이 물었다.

"그런데 따오기는 어디 있소?"

순우곤은 침통한 어조로 말하였다.

"소신이 따오기를 들고 오다가 물가를 지나가는데, 따오기가 몹시도 목말라하더이다. 어찌나 측은한지 차마 볼 수가 없어 따오기

고전을 잡雜 수다

를 새장에서 꺼내 물을 먹게 하였더니, 배은망덕하게도 달아나 버리더군요. 불충한 소신 칼을 꺼내 스스로 배를 가르고, 줄을 묶어 목을 매려고 하였는데 그리하지 못하였습니다.

혹여나 사람들이 저희 제나라 왕을 보고 그깟 새 한 마리 때문에 신하를 죽게 내버려 두는 왕이라 말할까 두려웠습니다. 그래서 저는 비슷한 따오기를 사서 새장에 넣어 갈까 생각도 해 보았습니다. 하지만 이것은 저희 제나라 왕을 속이고 폐하를 속일뿐 아니라 세상을 속이는 짓이 아니겠습니까? 저는 차마 그러지 못하였습니다.”

순우곤은 잠시 말을 멈추었다. 다시금 흘러나오는 순우곤의 말은 침통하기 그지없었다.

“솔직히 말씀드리자면 저는 다른 나라로 도망을 갈까 생각도 해 보았습니다. 하지만 그러지도 못했습니다. 왜냐하면 이 일로 인해 저희 제나라와 초나라 사이가 혹시나 나빠지면 어떡하나 염려하였기 때문입니다. 전쟁이라도 난다면 수많은 목숨이 죽게 될 터인데, 이 불충한 내 목숨 살리자고 어찌 도망을 간단 말입니까?”

순우곤은 초연한 모습으로 초나라 왕 앞에 제 목을 들어내었다.

“폐하께 제 잘못을 고하였으니, 부디 저를 벌하여 주옵소서.”

여기서 잠깐, 끊어야 합니다. 순우곤의 운명이 어찌 될지 궁금

하죠? 혼자 생각해 보세요. 죽을 것 같아요? 에이, 설마! 우리 여태껏 보고 들은 이야기가 있는데. 순우곤이 죽을 것 같지 않죠, 그렇죠?

그럼 다시 이야기로 들어가 보죠.

초나라 왕이 말했다.

"훌륭하구나. 제나라 왕에게는 신의가 있는 신하가 있구나."

초나라 왕은 순우곤에게 많은 상을 내렸다. 따오기를 갖다 바쳤을 경우보다 더 많았다.

역시, 내 말이 맞았어요! 순우곤은 죽지 않았어요. 이런 놀이는 은근히 짜릿하답니다.

만약 틀렸다면 작가가 글을 잘못 유도한 거다 라고 우깁니다. '뉘앙스를 그리 풍겨놓고 순 엉터리잖아.' 하고 성질을 내면 되죠. 뭐, 어때요? 이렇게 적당한 위치에서 끊어 읽기, 이것이 바로 끊어 읽기의 **절단 신공!** 입니다.

그리고 대부분의 책에는 순우곤에 대한 해석이 나옵니다. 해석은 참고만 하고 잠깐 생각해 보는 거죠. 재미있는 이야기에는 반드시 자신에게 와 닿는 부분이 있어요. 저 같은 경우는 '거짓말'이었죠.

만약 순우곤이 내 자식이라면? 나는 초나라 왕이거나 제나라 왕이죠. 심부름을 보냈는데, 내 아이가 이런 말을 하고 있다면? 마음이 복잡해지죠?

부모라는 건 자식을 걱정하는 쓸데없는 특권을 가진 존재잖아요. 아이의 미래가 순식간에 파노라마처럼 펼쳐지면서 별의 별 생각을 하게 되죠. 특히 아이가 평소에 살살 귀여운(?) 거짓말을 한다면, 아니 자기에게 유리하도록 말을 살짝 돌리는 재주가 있다면……(대개 누구나 그러하지만.)

"너, 진짜 물가에서 따오기 잃어버렸니?"에서부터 "혹시 따오기 팔아먹은 건 아니지?"

이런 말이 부모의 입 밖으로 나온다면 이건 전쟁을 알리는 선전 포고이죠. 말 뿐 아니라 표정이나 몸짓도 중요합니다.

"아니, 지금 내 말을 못 믿는 거예요?" 아이는 성질을 버럭 내고, 부모는 꿋꿋하게 "그래? 확인 작업 한 번 들어가 볼까?" 이러면 돌이킬 수 없는 강을 건넌 거죠. 아~ 그 끝은 어찌 될까요?

진짜 순우곤이 거짓말을 한 거냐고요? 그거야 모르죠. 다만 냄새가 난다는 겁니다. 말이 길어졌네요. 그러니까 제가 하고 싶은 말은 모든 이야기를 나의 이야기로 만들어 보라는 거였습니다. 순우곤의 주제는 물론 거짓말이 아닙니다. 하지만 우리가 국어 시험을 볼 것도 아니잖아요. 남의 이야기를 내 이야기로, 끊어 읽기, 다르게 읽기 혹은 비딱하게 읽기! 이 방법들은 책을 후딱후딱 읽으면 적용할 수 없습니다. 천천히 생각하면서, '나'를 생각하면서 읽어 보세요. 고전 엄청 재미있습니다.

고전을 잡雜 수다

4

쉬는 시간, 우리끼리 뒷담화 공작소에서
연기를 한 번 피워 볼까요?

우아하게 문 열고 들어오신 그대,

나가실 땐 머리에 꽂은 떼고 가시어요.

공작소 관리인 씀

1) 내조의 여왕, 악양자의 아내가 뭘 잘랐다고?

– 오늘 우리 남편이 말하길 자기가 출세 못한 건 내가 악양자의

아내처럼 내조를 못해줘서 그렇대.

– 악양자의 아내? 악양자가 누군데?

– 몰라! 후한에 사는 사람인데, 집안도 가난하고, 뭐 별 볼일 없는

남자였다는 거야. 어찌 어찌해서 장가는 갔지만 집안 형편이야

뻔하지 뭐. 그런데 어쩌다가 길에서 금덩이를 주워오니까, 아내는 기뻐하기는커녕 화를 냈다는 거야.

"지조 있는 사람은 우물물조차 몰래 마시지 않고 청렴한 사람은 던져주는 음식은 먹지를 않는다고 하더이다. 그런데 어찌 자기 것이 아닌 재물을 주워와 스스로의 행실을 더럽히십니까?"

― 이거 놀라운 여인인데. 혹시 아직 배가 덜 고팠던 건 아니냐?

― 평소 지조가 하늘을 찔렀나 봐, 그러니까 그 말에 악양자가 감동을 받았지.

― 부부가 궁합이 아주 잘 맞네. 뭐! 그 아내에 그 남편이로다.

― 어디 궁합뿐이겠어? 아내 말도 잘 들었나봐. 아내가 악양자더러 공부를 하라고 해서, 집을 떠나 멀리 갔대. 1년 정도 공부하다가 집에 왔더니, 아내가 놀라며 묻더래. 어찌하여 공부를 하다가 되돌아 왔냐고, 그러니까 당신이 보고 싶어 왔지요 하더란다.

― 깔깔깔, 오매불망, 얼마나 부인이 보고 싶었겠어. 달달하다. 달달해. 우리 그거 이해해 줘야 돼.

― 흥, 그게 아냐, 아내가 베틀에 짜고 있는 옷감을 단칼에 잘라버리더래.

― 왜?

- 옷감 짜다 잘라버리면 그간의 수고가 허사가 되듯, 공부하다 그
  만두면 모든 게 허사가 되는 게 아니냐고?

- 우와, 센대!

- 악양자는 즉시 공부하던 곳으로 돌아가, 7년 동안 책 보느라고
  집에도 돌아오지 않고 열심히 공부했대.

- 그래서? 그게 다야? 뭐 그렇게 공부해서 국가고시에 합격했대?

- 몰라! 죽기 살기로 했으니, 시험에 붙었겠지. 그러니까 남편을
  가르친 어진 아내라고 〈후한서, 열녀전〉에 기록된 게 아니겠어.

- 음, 수상한 냄새가 나는데?

- 수상한 냄새라니?

- 우리끼리니까 하는 말이지만, 이상하지 않아?

- 뭐가?

- 생각해 봐. 너, 악양자 라는 이름을 들어 봤어? 대학자는 아니더
  라도 정승판사가 되었다 라든지, 아니면 뭐 어째든 어찌어찌 성
  공했다는 뒷말이 있어야 하잖아. 그깟 책만 파고 있으면 뭐해?

- 뭐, 그래도 책을 보면 인격수양이 되고, 앗, 그래! 지조 있는 선
  비가 되었나 보다.

- 과연 그랬을까? 지조라? 지조 운운하는 게 더 냄새가 나. 네가

볼 땐 그 여자, 딴 남자 있었던 거 아니야?

– 어머, 어머, 누가 들을까 무섭다 애.

– 그렇잖아. 한참 나이에 남편을 집에서 쫓아 내버려? 공부하라고? 핑계가 좋다. 남편이 꼴도 보기 싫었겠지. 아니, 내가 아들이라면 이런 소리 안한다. 한석봉 엄마가 너는 글을 써라, 나는 떡을 썰겠다. 이런 건 이해가 된다. 집에 얼씬도 못했다? 수상해, 아무리 봐도 수상해. 혹시 그 남자 바보 아냐?

– 바보라니! 너무 했다.

– 그래, 바보라는 말은 취소. 악양자 그 남자도 살려고 그랬겠지. 단칼에 베틀을 잘랐다는 게 뭐겠냐? 그게 잘릴까봐 무서웠던 거 아냐? 그러니까 집에 얼씬도 못한 거겠지. 남들 알까봐 너무 창피해서 그냥 우리 부인이 참 어진 사람이라고, 자신에게 많은 가르침을 주었다고 그랬겠지. 사람들은 무슨 가르침인지도 모르고 그냥 헤벌쭉 한 거지? 남자들은 공부는 해야겠고, 혼자 스스로는 안 되니까 마누라가 채찍이라도 휘둘러 주길 바란 거겠지. 그래야 공부를 하니까.

– 그렇지만 이태백이도 쇠절구를 갈아 바늘 만든다는 노인을 보고 깨달아 꾸준히 공부를 했다고 하던걸. 참, 맹자의 엄마도 베

고전을 잡雜 수다

를 잘랐다고 했지.

— 내 말이 그거야! 악양자 부인은 맹자 엄마의 이야기를 듣고 코스프레 한 거 같지 않아? 이태백은 5살 때 육갑을 외고, 10살 때 제자백가서를 읽었던 사람이야. 떡잎부터가 악양자랑 다르지. 게다가 그 노인이 이태백의 할머니나 할아버지가 아니잖아. 엄마도 아니고 마누라는 더더구나 아니지. 공부할 사람은 자기가 스스로 깨달아야 하는 거야. 물론 공부하는 거 어렵고 힘들지. 중도에 포기하고 싶기도 하지. 하지만 가족들에게 기대려고 하면 안 되지.

그나저나 악양자네 집안 형편은 나아졌을까?

— 당연히 형편 폈겠지. 옛날에는 남편이 과거 급제하는 거 말고 딴 방법이 없잖아. 남편이 정승이 되면 자신도 신분상승이 되니까 악착같이 그랬을거야. 이런 말도 있잖아. 아침에 정승의 아내가 되면 밤에 과부가 되어도 좋다.

— 어라? 어째 많이 들어본 말 같은데.

— 공선생이 말하길 아침에 도를 들으면 밤에 죽어도 좋다! (朝聞道, 夕死可矣) 패러디야.

— 그래, 개천에 살던 남편 출세시키면 마누라는 생과부 되는 거야! 똑똑한 여자는 소원을 빌 때도 비단 백 필만 달라고 빌어야

하는 거야.

– 왜 하필이면 백 필이야?

– 천 필 달라고 하면 부자가 되잖아. 그러면 남편이 첩을 들이니까. 맞는 말이네!

– 그러니까 너도 네가 평강공주가 아니면 바보를 온달 장군으로 만들 생각은 하지 마. 암튼 평강공주가 남자들 허파에 바람을 잔뜩 불어 넣어놨어.

– 평강공주라? 공주니까 예쁘겠지? 착하고, 돈도 많고! 완전 남자들 판타지네.

– 그렇지. 남자들이 여자들의 희생을 담보로 출세하고자 하는 욕망의 드라마이지. 더불어 여자들로 하여금 착한 열녀로 만들려는 흉악한 음모가 숨어 있는 거야.

– 어머, 얘! 쉬는 시간 끝났다.

– 그러네. 빨리 들어가자. 그나저나 너 내조 열심히 해!

– 잠깐만, 너 머리의 꽃은 떼고 나가야지.

2) 천하의 악녀 여태후를 위하여

– 예쁜 여자들이 성격도 좋다는 말에 어떻게 생각해? 나는 기분은 나쁜데 인정! 그게 더 기분이 나빠. 서글퍼. 양 99마리 가진 부자가 가난뱅이의 양 한 마리마저 뺏어가는 기분이다.

– 여태후는 예뻤지만 성격이 좋다고 말할 순 없지.

– 여태후? 한나라 고조 유방이 죽자마자 척부인을 인간돼지로 만들고, 남편의 다른 자식들도 죽이고, 공신들마저 토사구팽시켰던 그 여자?

– 응. 악녀의 대명사, 여태후.

– 하긴 착했다면 권력도 못 잡았겠지. 아니 근데, 권력을 잡은 여자들은 왜 그렇게 독한 거야. 남자들보다 더 독한 것 같아.

– 그거 편견이야. 권력의 속성을 여자들의 특징인거 마냥 일반화시키지 말아줘. 기분 나빠. 도리어 여자라서 업적은 인정받지 못하고 이상한 스캔들만 사람들 입에 회자되잖아.

– 엥? 여태후의 업적? 난 그런 거 못 들어 봤는데.

– 그것 봐. 역사가인 사마천은 여태후의 업적을 높이 평가했기 때문에 〈사기〉에 한고조 유방과는 별도로 여태후를 본기에 기록했지. "모든 정치가 안방에서 나왔지만 천하는 편안했다. 형벌을 쓰는

일도 죄인도 드물었다. 백성들은 농사에 힘을 쓰니 입고 먹는 것이 갈수록 풍족해졌다.”

여태후에 대한 사마천의 평가야. 사실 한나라의 기본체제는 유방이 죽고 난 후 여태후 때 다 세워졌어. 비록 황실과 최고의 기득권층인 공신들은 벌벌 떨며 무서워했는지 모르지만 백성들은 그게 뭔 상관이었겠어. 따지고 보면 목숨 걸고 뺏고 빼앗는 건, 그들만의 숙청? 권력투쟁기이니까 성격이 독하니 마니 하면서 뭐라 논할 건 못되지.

─ 진짜? 여태후가 정치를 그렇게 잘했단 말이야?

─ 응. “백성들은 전국시대의 고통에서 벗어났으며 군주와 신하는 모두 억지로 일삼지 않으면서 쉴 수 있었다.” 이런 평가를 받는 정치가가 역사적으로 몇 명이나 있었을까? 여성에 대한 평가는 항상 업적보다 사생활을 부각시키니까 부정적인 면만 기억되는 것 같아.

─ 그렇지만 여태후는 지나치게 사생활?이 극단적이었잖아.

아니 아무리 남편의 애첩이 미워도 어떻게 사람을 돼지로 만들어? 맨 먼저 벙어리로 만들고, 귀를 지지고 손발을 자른 다음 변소에 넣어 돼지처럼 살게 했다면서. 그걸 보고 여태후의 아들 혜제가 제 엄마의 극악함에 치를 떨고 술만 먹고 살았다잖아.

고전을 잡雜 수다

– 그래. 그걸 보면 남편 복 없는 여자는 자식 복도 없다는 말이 생각난다니까. 사실 아들인 혜제가 허약한 건 꼭 제 엄마 탓만은 아니지.

어렸을 때, 제 아빠 유방이 항우랑 천하를 다툴 때 여태후는 남편 없는 집에서 농사지으면서 시아버지 봉양하고 아들, 딸 키우느라 뼈 빠지게 고생했지. 그러다가 유방은 항우에게 붙잡혔다가 도망을 갈 때도 저 혼자 내 뺐잖아. 여태후랑 시아버지는 인질로 남아있고. 하지만 여태후는 어떻게 해서든 자식들은 살려보겠다고 우여곡절 끝에 아들과 딸을 유방에게 딸려 보냈더니, 아니 그 어린 애들 몸무게 때문에 마차 속도가 떨어진다고 유방은 애들을 마차 밖으로 집어 던졌지. 그게 아빠냐?

– 진짜?

– 응. 마차 밖으로 내던져지는 애들을 마부가 몇 번씩이나 받아 내어 마차 안으로 밀어 넣고, 밀어 넣다가, 마부가 성질이 나서 유방에게 바락 바락 대들었다잖아. 그러지 말라고. 내가 볼 땐 여태후의 아들은 아빠가 자기를 마차 밖으로 집어 던질 때, 그때 트라우마가 생겼을 것 같은데. 물론 화장실 갔다가 끙끙거리면서 기어 다니는 척부인을 보고 놀라 기겁도 했겠지만.

- 그래. 그렇지만 그냥 죽이지, 사람을 돼지로 만들다니 그건 좀……

- 척부인에 대한 원한이 컸지. 여자들은 자기 모욕은 참을 수 있어도 자식을 건드리면 불끈하잖아. 척부인은 유방에게 총애를 받을 때, 태자인 여태후의 아들을 몰아내고 자기 아들을 태자로 삼으려고 했어. 물론 척부인도 살아남으려고 그랬겠지만. 암튼 태자교체가 거의 성사 될 뻔 했지. 공신들의 강력한 반대가 없었다면 척부인의 뜻대로 되었겠지. 그때 여태후는 유방을 말려준 신하들에게 가서 무릎을 꿇고 감사 인사를 했다더라. 사람들은 여태후가 질투심 때문에 척부인 뿐 아니라 다른 후궁들 목을 모조리 쳤다고 쉽게 말하지만, 그게 어디 질투심이냐? 복수심이지. 질투라는 건 사랑할 때 감정이지. 제 새끼를 집어 던지는 그런 남자를 사랑할 여자가 어디 있냐? 사랑에 대한 모욕이고 여자들에 대한 모욕이야. 여태후가 한나라 최고의 공신, 한신을 죽인 일만 해도 그래. 유방이 먼저 한신을 어떻게 하면 내칠 수 있을까 요리조리 궁리만 해대니까 한신이 겁이 더럭 나서 반란을 꾀한 거 아니겠어? 유방이 잠시 궁을 비웠을 때, 여태후가 과감하게 반란죄를 물어 한신을 죽였지. 결국은 유방은 제 손에 피 안 묻히고 한나라 창

고전을 잡雜 수다

업을 굳건히 수성한 거잖아.

반면에 여태후는 악독한 여자라는 이름만 남겼지. 좋은 건 남편이 가져가고 더럽고 껄끄러운 건 언제나 아내 몫이었지.

– 하, 그러고 보면 예나 지금이나 정치가들의 허물은 항상 마누라가 뒤집어쓰는 것 같아. 남편은 아내가 뒷돈 받은 거 몰랐다 라면서 매번 자기 마누라 핑계잖아. 오래된 레퍼토리네. 역사와 전통이 있는 걸.

– 너, 그건 알아? 그리스 로마 신화에 보면 페라이의 왕 아드메토스는 태양의 신 아폴론에게 선물을 받지. 아드메토스가 명이 다 해 죽어갈 때 대신 죽어주는 사람이 있다면 살 수 있도록 해주겠다고. 전쟁터에서 왕을 위해 죽을 각오가 되어 있다는 졸수들도 그건 명예로운 죽음이 아니라고 거절을 하고 왕의 부모마저 자신은 살날이 얼마 남아 있지 않기에 삶을 포기 하지 않겠노라며 외면했지.

죽어가는 왕 대신 누가 기꺼이 죽었을까? 자식? 일리가 없지. 왕비인 부인이 사랑하는 남편을 위해 기꺼이 죽어줬지. 물론 연인과 함께 죽겠다는 로미오도 있지만 그건 같이 죽는 거잖아. 사랑에 빠진 여자들은 진짜 대단해. 부모 자식 다 버리고도 가잖아. 오

공부하느라 바쁜 당신, 공문 아카데미 학원에 등록부터 하세요.

로지 남자 하나 보고. 그런데 남자들은 꼭 바람을 핀다 말이야.

– 하지만 여자도 자식 낳으면 남편은 개털이라는데?

– 뭔 소리! 남편이 먼저 스리슬쩍 눈을 돌리니까, 그 사랑이 자식으로 옮겨간 게 아니겠어? 암튼 남자들은 남편을 위해 죽어 주는 건 부인 밖에 없다는 걸 명심해야 돼. 바람 같은 거 피워서 마누라 눈에서 불이 나게 하면 여태후 꼴 보는 거야. 싹~ 정리해줘야지. 그러고 보면 여태후 진짜 멋지지 않냐?

– 야, 수업 종 울렸다. 들어가자.

– 오케이. 머리에 꽃은 떼고^^

고전 포커스

여태후는 중국 역사 최초의 여성 통치자입니다. 한나라를 세운 한고조를 물신양면으로 도와 반란을 진압하고, 나라를 안정시켰지요. 하지만 한고조 사후 유방의 다른 부인들에게서 난 아들들을 잔인하게 죽이고, 자신의 일가친족인 여씨들을 제후로 봉한 일로 인해 '악녀'라는 오명을 뒤집어썼습니다. 여태후에 대한 자세한 이야기는 사마천의 〈사기, 여태후본기〉에 자세히 실려 있습니다.

고전을 잡雜 수다

3) 경국지색, 부럽다. 부러워?

– 공자님이 노력해서 부자가 될 수만 있다면 채찍을 잡는 마부라도 되겠지만, 될게 아니라면 그냥 좋아하는 일을 하겠다고 했잖아. 그 말을 듣는데, 나는 왠지 노력해서 미인이 될 수 있다면 성형이라도 불사하겠건만, 될 게 아니라서 내가 참는다. 이렇게 들리더라. 아, 나는 진짜 미인이 되고 싶어. 경국지색, 천하제일미. 그 정도의 미모라면 얼마나 행복할까?

– 여자에게 미모는 어느 정도면 충분해. 지나치게 박색도 인생 피곤하겠지만 천하제일미도 행복한 건 아닌 것 같아. 미모도 과유불급이야.

– 무슨 소리. 미모란 다다익선이야. 미모가 곧 능력이지. 만약 늙어 죽을 때까지 미모를 잃지 않는다면 와우, 대단하지 않겠어? 여자들의 판타지 아닐까? 만약 그럴 수만 있다면 악마에게 영혼을 팔 여인네들 수두룩할 걸. 근데 악마가 찾아오질 않아. 흑흑.

– 혹시 춘추전국시대 진陳나라의 하희 라는 여잘 알아? 이 여자의 일생이야 말로 진짜 악마에게 영혼을 팔지 않았을까 싶은 정도이지.

– 하희가 누구야? 천하 4대 미녀도 아니잖아. 미모에 넋이 나가

물고기도 가라앉는다는 서시, 기러기가 날개 짓도 잊어버린다는 왕소군, 달이 부끄러워 구름 뒤로 숨는다는 초선, 꽃마저 부끄러워 잎을 말아 올린다는 양귀비만한 인물인거야?

– 글쎄, 어쩜 그들보다 더했으면 더했지 빠지진 않을걸. 게다가 글로벌한 섹스스캔들로 온 천하가 떠들썩했지. 결론부터 말하자면 세 명의 제후, 즉 왕들과 관계로 인해 삼대왕후, 일곱 번 시집갔기에 칠위부인, 아홉 명의 남자를 요절시켰다 하여 구위과부. 어때? 스펙 장난 아니지? 이런 말도 있어. 하희는 남편 셋, 임금 하나, 자식 하나를 죽이고 한 나라와 두 명의 대부를 망하게 했다. 이일로 인해 하희는 천하제일 음탕녀로 찍혔는데, 이거 어째 꼭 악마의 장난 같지 않아?

– 우와! 놀라운데.

– 하희의 인생스토리 따라가면 더 대단해. 정나라 목공의 딸로 태어난 하희는 결혼 전에 배다른 오빠랑 관계가 있었는데, 그 오빠가 3년 만에 죽었다고 해. 그후 하희는 진陳나라 대부 하여숙에게 시집을 가서 아들 하징서를 얻었었지. 그런데 남편이 일찍 죽어버린 거야. 과부가 된 하희는 진나라 왕 영공과 대부 공녕, 희행부 이 세 남자랑 왁자지껄 한 섹스스캔들을 터뜨렸어. 특히

진나라 왕 영공은 제정신이 아니었지. 정사를 볼 때도 그녀의 속옷을 가지고 희희낙락거리다가 한 신하에게 쓴 소릴 들은 거야. 그러니까 같이 놀던 대부가 '나를 말리지 마라' 하면서 그 신하를 죽여 버렸지. 거리낌이 없었던 이 세 남자들은 하희의 집에 자주 들락거렸는데, 하루는 하희의 아들을 보고 서로 낄낄거렸대.

"어째 하징서는 자네를 닮았구먼."

"무슨 말씀을. 제가 볼 땐 폐하를 닮았는데요."

듣고 있던 하희의 아들 하징서는 열 받았지.

하징서는 술을 마시고 돌아가던 진나라 왕 영공을 활을 쏘아 죽이고, 진나라 실권을 잡았지. 놀란 두 대부는 초나라로 도망을 가서 5년 후 군사를 끌고 왔어. 초나라 장왕은 하징서를 능지처참하고 진나라를 폐하려고 하니까, 초나라의 한 신하가 "소가 밭을 밟은 일은 잘못된 일이지만 그렇다고 해서 소까지 뺏는 건 너무 하지 않습니까?"라고 했지.

초나라 장왕은 그 말을 옳다 여기고는 죽은 영공의 아들을 진나라의 왕위에 올려놓고 하희를 데리고 초나라로 돌아갔어.

장왕은 하희를 자신의 후궁으로 삼으려 했지만 초나라 대부 굴무가 그건 옳지 못한 일이라고 반대를 했지. 초나라 장왕은 아쉬웠지만 뜻을 접었지.

하희는 결국 아내를 잃은 지 얼마 되지 않는 늙은 장수에게 시집을 갔어. 다른 신하들이 발을 동동 굴렸다고 하더라고. 근데 하희의 늙은 남편이 전쟁에 나갔다가 또 죽어버렸지. 그러자 남편의 아들이 하희와 관계를 맺은거야.

초나라가 들끓었지. 하희는 자신의 고향 정나라로 달아났어. 8년의 세월이 지나고 그 사이 초나라 장왕은 죽고 공왕이 즉위를 했지. 초나라 대부 굴무가 사신이 되어 제나라로 갈 일이 있었는데, 이때 굴무는 정나라에 들러 하희를 만나 결혼을 했대.

그 소식을 들은 초나라 신하들은 벌떼같이 일어나 말했어.

"굴무가 선왕이신 장왕을 위해 충언을 했다 여겼는데, 이는 자신이 하희를 얻기 위해 한 짓이 아닙니까?"

그러자 공왕은 초나라에 있던 굴무의 집안사람들을 모조리 멸문지화 시켜 버렸어. 화가 머리 꼭대기까지 뻗친 굴무는 하희를 데리고 진나라로 가 정착을 하고는 자신은 오나라로 가서 초나라를 공략하는 법을 가르쳐 주었대. 마차 모는 법과 전술, 전법 등을 아

고전을 잡雜 수다

주 상세히 가르쳐 줬다고 하더라고. 말하자면 초나라의 군사기밀이 유출된 셈이지. 이 일로 초나라는 당시 약소국이었던 오나라에게 된통 당했대.

한편 하희와 굴무는 예쁜 딸을 낳았어. 그 딸 역시 엄마 하희를 닮아 엄청난 미인이었지. 하희의 딸을 진나라 대부 숙향이 아내로 맞으려고 하자 숙향의 어머니가 반대를 하더래.

"사람이 지나치게 아름다운 것은 재앙을 불러온다."

하지만 아들 뜻을 어찌 꺾을 수 있었겠어.

여자의 미모가 십년 못 간다는 말은 하희에게 안 먹히지. 하희의 생몰연대는 정확히 알 수 없지만 대충 사건의 기록들로 추정해 봐도 마흔? 쉰?이 넘어서도 끄떡없잖아. 그땐 성형도 없었을 텐데.

– 판타스틱! 이거 진짜야? 실화야?

– 당연히 실화지. 역사서에 기록되어 있어. 하희에게 미모는 축복일까? 재앙일까?

– 음, 그래도 미모는 축복이야.

– 축복은 개뿔, 적당히 예쁘면 좋지만 천하제일미는 저주 받은 블루 다이아몬드와 같아. 천하 4대 미녀도 다 불행해졌잖아. 익사당해 죽었다는 서시, 오랑캐 땅으로 시집간 왕소군, 미인계로

이용만 당한 초선, 처형당한 양귀비, 그녀들의 삶은 한때 잠시나마 영화로웠지, 뭐 길지도 않아. 말년이 좋았다 할 수 있어? 또한 그녀를 가까이한 남자들 역시 목숨을 내 놓던지, 나라를 말아 잡수었잖아.

– 아니야. 미인들의 말년도 편안해 질 수 있어. 한 평생 쭉!

– 어떻게?

– 맨 먼저 미모를 여자와 동격화 시키면 안 돼. 말하자면 미모는 그냥 가지고 있는 재능인거지. 유효기간은 대충 10년? 좋아 20년 잡고. 그 재능을 한 번 돌아보면 성이 기울고, 두 번 돌아보면 나라를 기울게 하는데 쓰지 말고, 특히 왕이니, 영웅이니 하는 남자한테 몰빵 하면 절대 안 돼. 오로지 자기의 힘을 모으는데 써야해. 자기 재능이잖아. 자기한테 써야지.

– 그게 무슨 말이야?

– 왜 그런 이야기도 있잖아. 왕이 되면 십년 후에 섬으로 쫓겨난다는 이야기. 한 거지가 왕이 된 후 십년 동안 쭉 그 섬에 나무를 심어 낙원으로 만들어 놓은 후 왕위에서 내려와 섬으로 갔다고 하잖아. 똑 같은 거지. 여태후, 측천무후, 서태후 같은 여자들이 대표적인 예야.

- 천하의 악녀들이네.

- 뭐가 악녀냐? 똑똑한 여자들이지. 특히 자살한 미녀들은 이런 여인네들을 본받아야 돼. 소위 이 천하의 악녀라 불리는 기녀들은 궁 안에서는 시끄러웠는지 모르겠지만 궁 밖은 천하태평이었지. 젊어 재능을 발휘하여 여자가 천하를 쥔 남자를 잡았으면 자기 앞가림을 시작해야지.

- 맞아, 미인들도 사람이잖아. 스스로 천하제일미, 천하의 보물 이런 말에 혹해서는 안 되지. 사람임을 포기하고 스스로 보물이 되면 안 되는 거야. 예쁜 여자를 우물(尤物)이라고 불러. 가장 좋은 물건이라는 뜻이지. 이 말자체가 사람을 물건으로 만들어 버린 거잖아. 이러고도 어떻게 블루 다이아몬드의 저주에서 벗어나겠어.

- 그러네. 남의 미모 탐할 시간에 내 미모 관리나 잘 해야겠다. 그나저나 우리 쉬는 시간 끝났다.

- 이런, 뒷담화 시간은 왜 이리 짧은 거야. 꽃 떼고 수업 들어가자!

고전 포커스

하희 이야기는 사마천의 〈사기, 진기세가〉에 나옵니다. 공자가 역사 책을 읽다가 초나라 장왕이 신하의 말을 듣고 진나라를 멸하지 않는 부분에 이르러 이렇게 말했다고 합니다.

"초나라 장왕은 참으로 현명하다. 천대의 수레를 가진 나라를 가볍게 여기고 신하의 말 한마디는 무겁게 여기다니!"

초나라 장왕은 처음 재위에 올랐을 3년 동안 조용히 준비만 하다가 일시에 법률을 고치고 부패한 신하를 내쫓고 능력 있는 신하를 요직에 앉혀 내정을 다졌다고 하지요. 재위 23년 동안 초나라는 남방의 맹주로서 자리 잡았고 초나라 장왕은 춘추오패의 한 사람이 되었습니다.

4) 마누라 말 잘 들으면 마부가 대부가 된다!

- 내 남친은 도통 자기 이야기는 안한다. 직장에서 있었던 일이
  나 집안 이야기도 잘 안 해. 딱히 뭘 숨기는 건 아닌 것 같은
  데, 날 못 믿어서 그럴까? 왜 그러냐고 물으니까 뭐랬는줄 알
  아? 바깥에서 있었던 일을 집에 말하지 않고, 집안일은 밖에
  말하지 않는대. 나쁜 말 같지는 않지만, 어째 좀 고리타분하기
  도 하고, 이런 남자랑 같이 미래를 함께 할 수 있을까, 가끔 그
  런 생각도 들어.

- "밖에서 일어난 일은 집안으로 들이지 않고, 집안 이야기는 밖
  으로 새어나가지 않게 한다." 이 말은 〈예기〉에 나오는 말이야.
  그래서 남자들이 우습게도 밖의 일은 아내에게 잘 말하지 않지.
  너 네 남친 혹시 암탉이 울면 집안 망한다 그런 주의 아니야?

- 설마? 어……. 그건 아니고 뭐든지 자기가 혼자 다 해결하려는
  성향이 있지. 혼자 낑낑대는 거 보면 안쓰럽기도 해. 암탉이 울
  면 알 낳는다고 말 해줄까?

- 그것보다 같이 칼을 만들어 보는 게 어떠냐고 해 봐.

- 칼?

- 응, 천하의 명검, 간장막야. 훌륭한 칼의 대명사이지.

– 간장막야? 그게 칼 이름이야? 왠지 막간장 이름 같다.

– 옛날 오나라에 유명한 대장장이가 있었는데, 그 사람 이름이 간장이야. 아내 이름은 막야이고. 왕의 명령을 받아 천하에서 제일가는 칼을 만들기로 했는데, 왕에게서 받은 청동덩어리가 3년이 지나도록 녹지 않는 거야. 오나라, 그러니까 춘추전국시대는 청동기시대야. 그러니까 칼도 당연히 청동검이지. 암튼 간장은 어떻게 하면 이 청동을 녹일 수 있을까 혼자 낑낑댔지. 그런데 아내 막야가 그 방법을 알아낸 거야. 부부의 머리카락과 손톱을 용광로에 넣고, 소녀 300명이 풀무질을 하면 청동이 녹는다는 거야.

– 아니 풀무질을 해서 불의 온도를 높이는 건 이해가 된다. 하지만 머리카락과 손톱은 뭐냐?

– 몰라. 암튼 이야기가 그래.

어쨌든 아내 막야의 말대로 했더니, 단단했던 청동이 녹아내렸고, 간장은 칼을 만들 수가 있었지. 두 개의 칼을 만들었는데, 음양의 원리에 따라 만들었대. 양의 칼에는 간장이라 이름을 새기고, 음의 칼에는 막야 라고 이름을 새겼지. 당연히 그 칼은 천하의 명검이었고. '간장막야'는 천하의 명검을 일컫는 고유명사

고전을 잡雜 수다

가 되었지.

- 음, 아내 말을 잘 들었네. 최고의 대장장이였으면 장인으르써의
고집도 한 고집했을 텐데.

- 그렇지? 어디 그뿐이야. 아내 말 잘 들어서 출세한 남편도 있어.

- 누가? 어떻게?

- 춘추 전국시대 제나라에 '안영'이라는 유명한 재상의 마차를 모
는 마부가 있었어. 안영은 제나라의 3명의 왕을 모셨는데 충성
심이 끝내줬지. 외교술도 매우 뛰어나고, 또 워낙 근검절약해서
옷 하나로 30년을 입었다고 하더라. 그러니 만백성이 그를 칭송
했지.

심지어 공자님도 안영에 대한 평가가 후해. 그러다 보니 마부도
덩달아 어깨에 힘이 팍 들어갔어.

하루는 집에 갔더니 마부의 마누라가 이혼을 하재. 왜 그러냐고
물어보니 아내 말이 "안자(안영을 높이는 말)는 키가 6자도 못
되고 외모도 별 볼일 없는 데도 한 나라의 재상이 되어 이름을
더 없이 높은데도 불구하고 항상 자신의 몸을 낮추면서 겸손하
더이다.

그런데 당신은 키가 9자가 되고 외모도 훌륭한 사람이 기껏해

야 그분의 마차를 몰지 않소이까. 그런데도 아주 의기양양하더군요. 교만한 사람에게는 필히 화가 닥치니, 미리 헤어질까 해요."

마부는 아내의 말에 깊이 수긍을 하면서 그때부터 아주 몸가짐을 조심하고 겸손해졌지. 안영이 보니까 마부가 옛날과 완전히 달라졌기에 그 이유를 물어보았대. 마부는 아내의 충고를 따르고 있다고 하자 안양은 그를 대부로 추천해 주었지. 마부에서 대부로 초고속 승진한 거지. 마누라 말 잘 들으면 이렇게 되는 거야.

– 완전 맘에 드는 이야기인데.

– 훗, 옛날에 공자가 그 뭐냐, 삼종지도(三從之道)라 해서 여자는 아버지를 따르고, 시집가면 남편을 따르고, 남편이 죽으면 아들을 따라서, 감히 스스로의 뜻대로 하지 마라. 문밖으로도 나가지 말고 부엌에서 음식이나 잘 만들어라. 그랬다잖냐? 그랬더니 오늘날 어찌 되었냐? 남자들은 오로지 밖에서 돈, 돈, 돈만 벌어오는 기계가 되었잖아. 물론 돈도 못 벌어오면서 자격지심에 여자들을 괴롭히는 남자가 삼종지도 운운할 때는 기가 막히지만. 어째든 남녀차별, 이 모든 게 그 삼종지도의 폐

고전을 잡雜 수다

해라 생각해.

심지어 공자도 옥에 실 꿰는 법을 몰라서 여자들의 지혜를 빌렸다는 이야기가 있는데, 왜 이딴 소리를 해서 여자도 그렇고 남자도 피곤케 했을까?

– 옛날 봉건시대에는 그 말이 먹혔던 모양이지 뭐. 솔직히 난 공자 말대로 집에 그냥 앉아서 내가 좋아하는 요리나 하면서 살고 싶다. 일 다니는 거 싫어.

– 너 직장 없으면 결혼도 못해. 요새 외벌이 원하는 남자가 어디 있어. 남자가 전업주부, 육아휴직 점점 늘어나는 세상인데.

– 하긴. 그러고 보면 옛날 여자들이 더 편했는지 모르겠다.
요새는 직장생활에 집안일에 육아까지 모두 여자 몫이잖아.

– 그러니까 어릴 때부터 교육을 잘 받아야 돼. 남자들은 아직까지 자기들이 여자를 도와준다고 생각하는 사람이 많아. 그게 당연히 함께 하는 게 아니라 도와준다고 말하는 사람들은 음…… 갈 길이 먼 거야.

– 맞아. 의식이라는게 참 바뀌기 쉽지 않아.

고전 포커스

안영은 제나라의 정치가이자 사상가, 외교가로 이름이 높았습니다.
사마천은 안영에 대해 평하면서 "만일 안자가 살아있다면 내가 그를
위해 말채찍을 잡고 그의 수레를 몰고 싶다. 그럴 수만 있다면 정말
로 영광스러울 것이다." 라고 칭송을 했지요. 공자 역시 안영을 평하
기를 "사람을 사귄지 오래되어도 안영은 늘 공경으로 대하는 사람"
이라고 했지요. 하지만 안영은 작은 키에 볼품없는 외모로 놀림도
많이 받았는데, 그럴 때마다 되로 받아 말로 되갚아 주는 훌륭한 말
솜씨를 보여 주었답니다. 안영의 저서로는 〈안자춘추〉가 있습니다.
그와 관련된 이야기는 개는 개구멍으로 드나들고 사람은 사람 문으
로 드나들어야 한다는 이야기와 회남의 귤이 회북에 가면 탱자가 된
다는 유명한 이야기가 있어요.

고전을 잡誰 수다

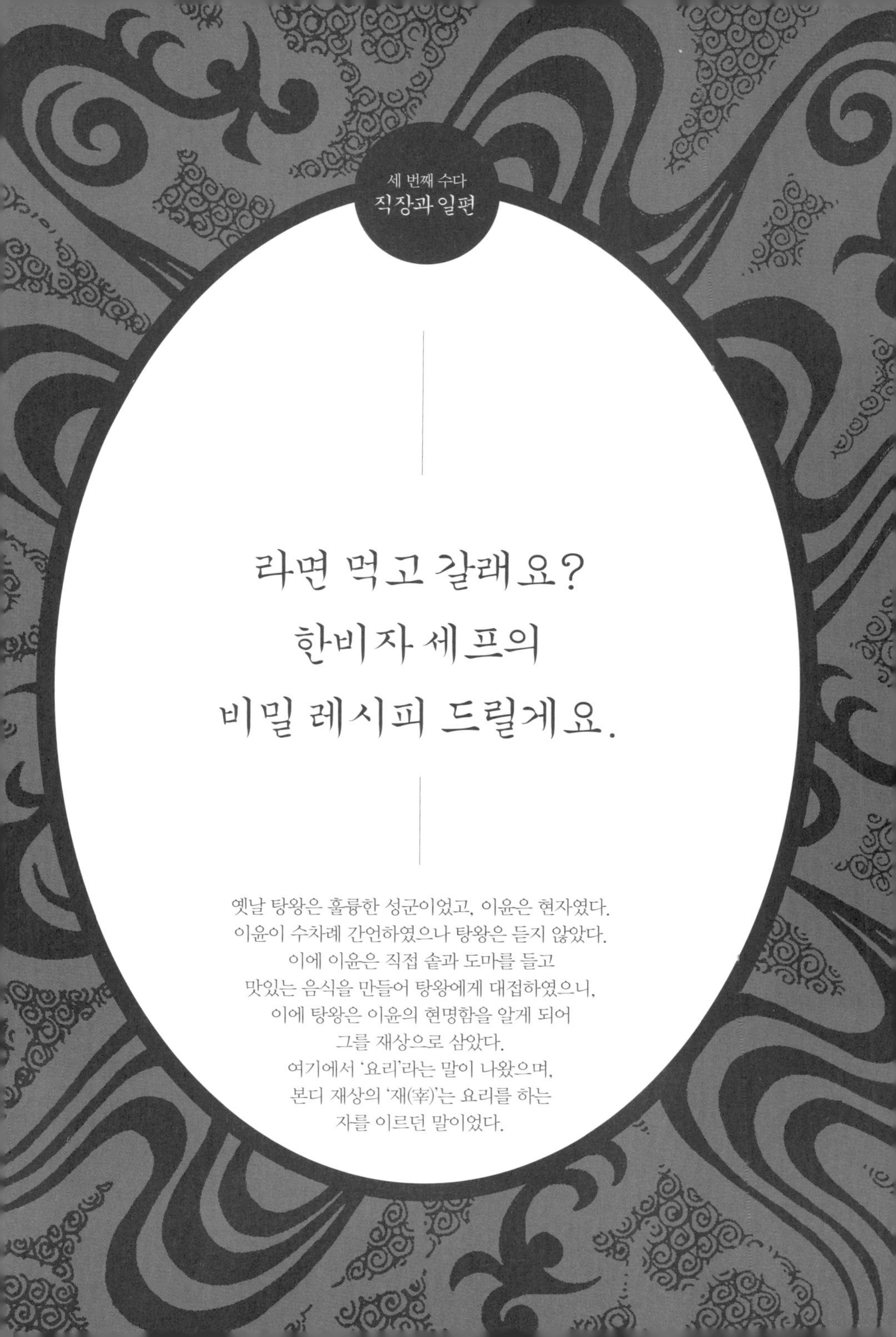

라면 먹고 갈래요?
한비자 세프의
비밀 레시피 드릴게요.

옛날 탕왕은 훌륭한 성군이었고, 이윤은 현자였다.
이윤이 수차례 간언하였으나 탕왕은 듣지 않았다.
이에 이윤은 직접 솥과 도마를 들고
맛있는 음식을 만들어 탕왕에게 대접하였으니,
이에 탕왕은 이윤의 현명함을 알게 되어
그를 재상으로 삼았다.
여기에서 '요리'라는 말이 나왔으며,
본디 재상의 '재(宰)'는 요리를 하는
자를 이르던 말이었다.

소통? 꿈도 꾸지 마요.
밥통입니다

오늘의 요리는 "소통"입니다.

요즘 "소통"이 한창 물올랐지요?

여기저기에서 소통! 소통! 온통 소통을 필요로 합니다.

요리법은 간단합니다. 양념만 달리하면 전혀 다른 두 가지 요리가 나옵니다.

필요한 양념은 칭찬 한 스푼, 부러움 두 스푼, 격려 반 스푼. 그리고 **타이밍!**

소통에 양념을 잘 쳐서 밥통에 찌기만 하면 됩니다. 짜짠! 소통 요리 완성!

소통 = 답정너 : 답은 정해져 있어. 너는 대답만 해!

예쁜 접시에 담아 주세요.

또 다른 양념은 칭찬 세 스푼, **요령** 다섯 스푼, 이익 한 스푼씩,

소통 = 설득

멋진 그릇에 담아주세요. 오늘의 요리 완성!

소통을 원하시는 당신, 갑입니까? 을입니까?

나는 말하고, 너는 듣고, 그래서 내 뜻이 옳다고 우리 모두가 동의한다. 이게 갑이 은연중에 생각하는 진정한 소통입니다. 갑님에게 소통은 목표달성이지요. 갑님이 듣고 싶은 답은 이미 정해져 있습니다. 상대는 대답만 하면 되는데, 그게 뜻대로 잘 안 되면, 쿨똥이 엉뚱한 곳으로 튀기도 합니다. 갑중의 갑, 슈퍼 울트라 갑의 생각을 잠깐 엿볼까요!

호나라는 늘 정나라를 경계했기에 정나라의 왕 무공은 호나라를 공격할 틈을 찾을 수 없었다. 그래서 정무공은 자신의 딸을 호나라로 시집을 보냈다.

그 후 정무공이 신하들에게 물었다.

"군대를 일으켜야만 하는데, 어느 나라를 공격하는 게 좋을까?"

관기사라는 신하가 대답했다.

"호나라를 공격하는 것이 좋습니다."

정무공은 불같이 화를 냈다.

"내 딸이 시집 가 있는 호나라를 공격하라니! 저놈의 목을 베어라."

이 소식을 들은 호나라 왕은 정나라가 자기편이라 확신했다.

얼마 후 정나라는 무방비로 노출된 호나라를 침략해 점령했다.

답은 이미 정해져 있었습니다.

다만 관기사는 정무공이 왜 물어 보는지 그 의도를 몰랐지요.

갑이 소통하고자 할 땐, 반드시 이루고자하는 '목표'가 있습니다.

모양과 형태는 달라도 오늘날도 별반 다르지 않습니다.

자본주의 사회는 고도로 전문화되어 세련되고 복잡해졌지요.

하지만 본질은 별반 달라지지 않았습니다.

을님이라고요? 을님에게 소통이란 설득입니다.

소통을 위한 설득에는 단계가 중요합니다.

1단계 갑이 자랑스럽게 생각하는 건 빛이 나도록 해주고, 갑이 부

고전을 잡雜 수다

끄러워하는 건 없애줍니다. 갑이 혼자 끙끙대는 게 있다면 대의명분을 갖다 붙여 합리적인 변명을 만들어 줍니다. 그러면 갑은 을이 마음 '통'하는 사람이라고 느끼게 됩니다.

2단계 뜻이 높지만 실력이 없는 갑에게는 일이 잘못되면 손해가 막심하다고 살짝 지적해주면서 하지 않는 게 옳은 일이라고 말해줍니다. 즉, 이익과 손해의 문제를 옳고 그름의 문제로 바꾸어 주어야 합니다. 똑똑함을 자랑으로 여기는 갑이 어떤 일을 하고자 하면 을은 그 비슷한 일의 자료를 쫙 펼쳐 보여줍니다.

하지만 을이 해답을 미리 말하거나 알아서는 안 되지요. 갑이 을에게서 답을 스스로 뽑아내게 해 주는 게 포인트입니다. 그러면 갑은 을을 자신의 최대 조력자로 여깁니다.

3단계 함께 의견을 모아야할 때는 하는 일의 가치와 의미를 분명히 갑에게 인지시켜 주고 난 다음 사사로운 이익과도 합치됨을 살짝 덧붙여줍니다.

4단계 갑의 큰 뜻에 을은 절대 거슬려서는 안 되고 말이 서로 충돌

되지 않아야 합니다. 그러면 갑이 당신을 좋아합니다.

5단계 이제 비로소 을의 의견과 지혜를 갑과 나눌 수 있게 되었습니다.

자, 그럼 소통을 시작하십시오.

송나라의 어느 집 담장이 무너졌다. 아들이 아버지를 보고 말했다.

"아버지 담을 빨리 고쳐야겠어요. 도둑 들기 쉽겠어요."

아버지는 그러마 하고 고개를 끄덕였지만, 담장을 미처 고치지 못했다. 지나가던 이웃 사람이 말했어요.

"이보시오, 담장이 무너졌소. 어서 고치지 않으면 도둑이 들기 쉽겠소."

그날 밤 도둑이 들었다.

주인은 아들은 지혜롭다 여겼는데, 이웃사람은 도둑이 아닐까 의심했다.

앞서 이야기한 정나라 무공이 호나라를 치기 위해 다시 물어보면 어찌해야 할까요? 어느 용감한 신하가 "호나라입니다"라고 대

고전을 잡雜 수다

답을 할 땐, 앞서 대답한 관기사와 달리 그럴싸한 이유를 붙여 주었을 겁니다. 왕이란 정당한 명분이 있어야 하니까요. 그래야 관기사를 죽인 것도 정당화됩니다. 눈 가리고 아웅 하는 것 같지만 반드시 필요한 순서입니다. 그게 을이 갑에게 말하기 어려운 이유입니다.

마찬가지로 송나라 사람에게 담장을 고치라고 충고해 준 이웃이 도둑으로 의심받는 것은 친한 사이가 아니기 때문입니다. 충고의 어려움은 충고하는 사람에게 있는 것이 아니라 충고를 받는 자가 어떻게 받아들이느냐에 따라 달라지기 때문입니다.

라면 먹고 갈래요? 한비자 셰프의 비밀 레시피 드릴게요.

고전 포커스

〈한비자, 세난편〉에는 이런 말이 있습니다. 범설지란凡說之難 재지소설지심在知所說之心 가이오설당지可以吾說當之. 설득의 어려움은 설득하려고 하는 상대방의 마음을 알아차려서 나의 말을 그에게 맞추는 데 있다.

"유세가 어려운건 내 지식으로 남을 설득하기 어려워서도 아니고, 내 의견을 온전히 밝히기 어려워서 어려운 게 아니다. 상대가 명예와 절개를 지킬 의도로 나왔는데, 이해득실을 이야기한다면 말하는 사람은 천박한 인간이 된다. 또 상대가 이익을 얻고자 나왔는데 명예와 절개를 이야기한다면 말하는 사람은 세상 물정 모르는 사람이 된다"는 겁니다.

결국 유세와 충고 모두 상대의 마음을 알 수 없기 때문에 어려운 일입니다. 상대의 마음을 알아야만 이해할 수 있고, 서로 오해 없이 뜻이 통할 수 있습니다. 한비자가 말하는 유세의 목적은 오늘날의 소통과 같습니다. 그래서 소통이란 결국 '상대의 마음 이해하기'입니다.

역린은 건드리면 죽고
뇌물은 먹으면 죽어야 한다

오늘의 요리 : 복어

복어는 위협을 받으면 몸을 공처럼 둥글게 부풀리죠. 잔뜩 허세를 부려보는데, 사람에게는 통하지 않습니다. 오히려 복어의 내장과 피에 있는 독소가 사람들에게 치명적인 위협입니다. 먹으면 죽는다는 걸 아는데도 불구하고 복어를 먹는 이유는 죽지 않게끔 요리할 수 있다고 믿기 때문입니다. 치명적인 독이 있어 더욱 끌리는지도 모르지요.

복어는 숙취 해소에 좋으니, 술 드신 다음날 해장국으로 드셔보세요. 복어 탕을 끓일 때 미나리를 곁들이면 더욱 좋습니다. 복어는 회를 뜨거나 말려서 구워 먹기도 합니다.

〈한비자의 세난편〉에 보면 이런 구절이 있습니다.

"용은 성질이 유순하므로 길들이면 탈 수도 있다. 그러나 턱 밑에 길이가 한 자나 되는 '거꾸로 솟은 비늘, 역린逆鱗'이 있으니, 용을 길들인 사람이라 할지라도 만약 이것을 건드리면 반드시 그를 죽인다."

용에게만 역린이 있는 게 아닙니다. 사람은 누구나 역린이 있습니다. 아킬레스건, 트라우마, 금기, 미친 여자의 머리에 꽂힌 꽃 등등 각각 상황에 따라 불리는 이름은 다르지만 그 작용은 같습니다. 숫제 머리에 꽂힌 꽃처럼 눈에 보이면 조심이라도 하는데, 역린은 지뢰처럼 숨어 있습니다. 건드리고 나서야 그게 역린이었다는 걸 알게 되죠.

역린을 건드린 자의 최후는 다음과 같습니다.

항우는 압도적인 세를 몰고 진나라의 도읍인 함양으로 들어왔다. 그는 황제의 위에 오른 지 46일밖에 되지 않은 어린 황제 자영을 죽이고 진시황의 아방궁에 불을 질렀다. 진시황의 무덤을 파헤치고, 진나라의 보물들을 모두 차지했다.

드디어 천하의 패권을 움켜쥐었으니, 이제 천하가 항우의 것이었다. 승리의 기쁨에 취한 항우는 흥청거렸고, 어서 빨리 자신의 고향인 초나라로 돌아가 새로운 도읍을 정해야겠다고 생각했다.

그때 항우의 신하 한생이 말했다.

"관중 땅은 산으로 막혀 있고, 강으로 둘러싸여 있는 천하의 요새입니다. 땅도 기름지고 풍요로우니, 이곳을 도읍지로 삼으신다면 패왕이 되실 수 있을 겁니다."

항우는 못마땅했다. 관중 땅은 자신이 파괴해 버린 진나라의 수도 함양이 있는 지역이다. 제 아무리 관중 땅이 풍요롭고, 천하의 요새라 할지라도 제 고향만 못해 보였다. 게다가 자신은 이미 패왕인데, 그 누가 도발을 한단 말인가?

"내가 세상에 나와 몸을 세워 출세를 하였는데도, 고향에 돌아가지 않는다는 것은 비단옷을 입고 밤길을 다니는 것과 같지 않는가?"

이렇게 속내를 드러냈으니 모두들 알아들었겠지, 항우는 은근히 만족스러웠다.

한생은 어이가 없었다.

천하를 재정비하고 새롭게 나라의 기틀을 닦아야 하는 이 중요한 시점에서 고작 고향사람들에게 제 비단옷을 자랑하고 싶다고?

천하가 항우의 발밑에 있는데, 항우의 생각은 초나라를 벗어나지 못하고 있었니!

한생이 중얼거렸다.

"원숭이를 씻겨 의관을 입혀 놓으면 초나라 사람이라고 하더니만, 그 말이 참이로구나."

항우가 그 말을 듣고 불같이 화를 냈다.

"저 놈을 당장 삶아 죽여라!"

〈사기, 항우 본기〉 중에서

불같이 화를 내는 항우의 모습이 복어 같지 않습니까? 항우는 힘이 산을 뽑을 만큼 세고 기운은 세상을 덮을만하다고 했지만, 지식은 짧았습니다. 제 이름 석자만 쓸 줄 알면 충분하다고 했으니까요. 어쩌면 열등감이 있어 지식인들을 혐오했을 지도 모릅니다.

항우의 속마음은 알 수 없지만 어쩌자고 한생은 제 속마음을 입 밖으로 내어 이런 화를 당했을까요? 그의 말은 죽음을 부르는 주문이었습니다.

한생의 말은 결국 옳았습니다. 항우의 경쟁자 유방이 관중, 즉 함양 땅으로 들어와 천하를 차지했으니까요. 하지만 아무도 한생

고전을 잡雜 수다

을 왕에게 직언을 하다 목숨을 잃은 충신이라고 말하지 않습니다. 우리는 옳고 그름을 떠나 결코 해서는 안 되는 말이 있고 건드려서는 안 되는 무언가를 가지고 있습니다.

가장 간단한 예로 가족은 건드리면 안 된다고 하지요. 분명 잘못했고, 무엇하나 잘한 게 없어 고개를 푹 숙이고 있는 상황이라 할지라도 내 부모, 내 형제를 욕하면 고개를 치켜듭니다. 잠자는 사자의 코털을 뽑는 것과 같지요. 제 잘못은 온데 간데 없고 "감히 내 가족을 건드려?" 이 사실만 남아있을 뿐이지요.

상대가 죽고살기로 덤벼들기 원하신다면 역린을 찾아 건드려 보십시오. 무엇을 상상하시든 그 이상의 것을 보시게 될 겁니다.

그런데 역린만큼이나 건드리면 안 되는 게 또 있습니다. 뇌물입니다. 역린은 건드리면 죽고 뇌물은 먹으면 죽습니다. 역린은 건드려지기 전에는 그게 역린이었는지 조차 잘 모를 때가 많습니다. 뇌물 역시 먹어보기 전에는 그게 뇌물이었는지 조차 모를 때가 많습니다.

역린은 밖으로 들어나 있는 지뢰라고 한다면 뇌물은 안에서 솟아나는 폭탄입니다. 세상의 어느 바보가 '이건 뇌물입니다.' 하고 갖다 바치겠습니까?

‘제 마음입니다’, ‘사소한 선물입니다.’, ‘힘든 일 하시는데 조금이나마 도움 되시라고.’ 등등 온갖 그럴싸한 말로 포장을 해서 뇌물을 삼키게 합니다.

뒤탈이 없을 것 같고, 완벽하게 소화해 낼 수 있을 것 같습니다. 주위를 둘러보니 너도 먹고 나도 먹고, 다 먹으니까 먹는 게 관례입니까?

뇌물을 먹기 전까지는 분명 ‘갑’이었는데, 희한하게도 뇌물은 먹고 나면 ‘을’이 됩니다. 내 발목을 내가 잡는 게 바로 뇌물이지요. 알고도 당하는 게 뇌물입니다.

사람들은 세련된 방법으로 숫제 몇 년 치 월급을 한꺼번에 갖다 안기기도 합니다. 그런 유혹 앞에 흔들리지 않기란 힘들지요. 하지만 상대는 얼마나 이득을 챙기기에 당신에게 그렇게 많은 돈을 주는 걸까요? 그건 바로 당신의 몸값입니다.

어째 당신이 손해인 것 같지 않습니까? 상대는 열을 가지고 당신에게는 하나를 주는 겁니다. 손해는 오로지 당신에게 매달 월급을 주는 다수의 사람이 떠안게 되겠지요. 심지어 다음 번에는 당신에게는 하나도 주지 않을 수도 있습니다. 이미 당신은 뇌물에 낚인 노예이니까요.

고전을 잡雜 수다

고전 포커스

〈한비자, 외저설편〉에 물고기를 아주 좋아하는 노나라 재상 공의휴의 이야기가 있습니다..

사람들은 온갖 이유를 대며 재상에게 물고기를 갖다 주려고 했지만, 재상은 물고기를 절대 받지 않았습니다.

재상의 동생이 물었습니다.

"형님은 물고기를 무척이나 좋아하는데, 왜 받지 않습니까?"

"물고기를 너무 좋아하기 때문이다. 만일 내가 물고기를 받는다면 그 사람에게 부담을 갖게 되고, 그래서 법을 어기게 될까 두렵구나. 법을 어기면 재상 자리에서 물러나야 하는데, 그땐 아무도 내게 물고기를 가져다주지 않을 것이다. 물고기를 살 돈도 없게 될지 모르지. 하지만 재상 자리에서 물러나지 않는다면 내 돈으로 얼마든지 물고기를 살 수 있잖니."

당신은 물고기를 좋아하는 재상과도 같습니다. 좋아하니까 받지 않는다는 마음까지 같길 바랍니다.

라면 먹고 갈래요? 한비자 세프의 비밀 레시피 드릴게요.

3

금수저로 먹어도 체할 수 있다.
조심해라

오늘의 요리는 밥.

늘 먹는 밥. 그래서 밥 익는 냄새가 얼마나 구수한지 잊고 있지는 않나요?

밥은 쌀과 물, 그리고 불이 만들어 낸 마술이에요. 방법도 간단하지요. 쌀과 쌀의 1.2배 정도 되는 물을 부어 솥에 안친 다음 불 위에 올려놓습니다. 처음에는 강한 불로 끓인 다음 약한 불로 뜸 들이는 과정이 포인트이지요.

맛있게 조리된 밥은 주걱으로 아래 위를 뒤집어 섞어놓으세요. 딱딱하게 굳어지면 밥맛이 사라질 수도 있어요.

자, 그럼 이제 밥을 먹어 볼까요?

당신의 수저는 금수저? 아니면 흙수저?

아기가 태어나 일 년이 지나면 돌상을 차려주죠. 돌이 되면 아기가 뭘 잡을까 모두들 궁금해 합니다. 연필? 실? 돈? 그에 따라 아이의 미래를 예측해 보지요. 하지만 그 전에 부모는 아기 손에 수저를 쥐어 준답니다. 아기가 뭘 집든, 밥 먹는 수저가 가장 중요하니까요.

내 수저는 금수저? 흙수저? 애초에 수저조차 받지 못했다는 자조적인 이야기에 그냥 서글프게 웃습니다. 살다보면 수저를 받을 기회가 한 번 더 있습니다. 결혼입니다. 혼수품엔 반드시 밥그릇과 수저가 있지요. 무심코 지나쳤던 우리 풍습이 예사롭지 않습니다.

옛말에 "소매가 길면 춤추기 좋고, 돈이 많으면 장사가 잘된다."고 하지요. 밑천이 많으면 일을 하기가 쉽습니다. 당연히 금수저가 흙수저보다 돈을 더 쉽게 법니다. 대기업 직원이 중소기업 직원보다 영업실적이 더 높습니다. 개인의 영업력보다는 대기업이라는 시스템이 돈을 벌어주니까요.

그러니 금수저들은 착각하지 마십시오. 당신의 지위와 세력을 재능과 지혜라고 생각하면 안 됩니다. 용이 구름을 타고 하늘을 날고, 뱀은 안개를 이용하여 하늘로 오른다고 합니다. 구름이 사라지고 안개도 걷히면 용은 지렁이나 개미와 별반 다르지 않습니다.

라면 먹고 갈래요? 한비자 세프의 비밀 레시피 드릴게요.

양귀비를 사랑한 당나라 현종은 개혁 군주였습니다. 온 나라에 퍼져 있는 사치를 없애고 세금과 부역, 군역을 개혁하여 당 최고의 전성기를 이끌었습니다. 현종의 과감한 개혁에는 언제나 유능한 신하들의 보좌가 있었지요.

그 중 한 신하인 요승이 휴가를 받아 10여 일 동안 자리를 비우게 되었습니다. 요승의 상관인 재상 노회신이 대신 업무를 맡았지요. 노회신은 요승의 일을 어떻게 처리해야 할지 몰라 미루기만 했습니다. 이로 인해 국정에 차질이 생겼지만, 노회신은 요승이 돌아오길 기다릴 뿐이었습니다.

마침내 요승이 업무에 복귀하자 일은 순식간에 처리됐습니다. 노회신을 바라보는 사람들의 눈총이 따가워졌죠. 하지만 노회신은 "요승이 참 일을 잘하는구나. 이번 일로 새롭게 깨달았다." 이렇게 말하면서 조금도 부끄러워하지 않았죠.

사람들은 노회신을 일러 "자리만 차지하고 회식이나 하는 무능한 대신(반식재상伴食宰相)이라고 하였습니다.

'조금도 부끄러워하지 않았다.' 정말 그것도 능력이라면 능력이라고 해야 하나요?

오늘날에도 반식재상을 흔히들 봅니다. 숫제 노회신처럼 드러나기라도 하면 덜 억울하지요. 세상은 금수저를 바탕으로 학연, 지연, 혈연으로 똘똘 뭉쳐 그들만의 견고한 성을 만듭니다.

하지만 옛말에 문둥이가 임금을 비웃는다고 하지요. 세상에서 가장 하찮고 괄시받는 문둥병자가 설마하니 부와 명예, 권력을 다 가진 임금을 비웃겠습니까? 영원할 것 같았던 부와 명예 권력이 한순간에 다 사라져 문둥병자보다 더 초라해질 때가 온다는 겁니다.

견고한 성 안에서 세상만사 모든 게 내 뜻대로 할 수 있을 것만 같을 때, 세상은 변합니다. 법도 내 멋대로 주물럭거릴 수 있을 때, 바로 그때 세상이 변하지요. 음이 극에 달했을 때 양으로, 양이 극에 달했을 때 음으로 바뀌니까요.

금수저들은 요리조리 법망을 끝까지 피해나갈 수 있는 것 같지만, 세상에는 쉽게 모습을 드러내지 않는 크고 넓은 법망이 있습니다. 결코 천지의 법망에는 빠져나가지 못합니다.

그러니, 금수저로 오랫동안 밥을 드시려면 법이라도 잘 지키십시오. 안 그러면 문둥병자가 그대를 비웃습니다. 아무리 금수저라 할지라도 밥을 먹다가 체할 수 있다는 것을 잊지 마십시오. 천하의 법을 우습게보다가는 밥조차 못 드십니다. 변화는 한 순간입니다.

흙수저들 이야기 좀 해볼까요?

흙수저들은 항상 금수저를 바라보고 있습니다. 수저가 부실하다 보니 어쩔 수 없지요. 잔칫상에서 떨어지는 부스러기라도 바라야 하는 절박함이 있습니다. 서글프지만, 흙이 도자기로 바뀌지 않는 한 어쩔 수 없습니다. 하지만 금수저들은 부스러기는 개에게 던져주면 줬지, 흙수저들이 먹는 걸 진저리치게 싫어합니다. 그걸 금수저들은 '공명정대함'이라고 하지요. 금수저들에게는 절대 자신들에게는 갖다 대지 않고 오로지 남에게만 들이대어 재단하는 '공명정대한 잣대'가 있습니다.

관중은 자신이 모시던 왕자 규를 위해 환공을 죽이려고 했습니다. 하지만 결국 환공이 제나라의 왕이 되자 관중은 노나라로 도망을 갔지요. 그때 환공을 모시던 포숙아는 제나라의 재상으로 관중을 천거하였습니다.

"군주의 뜻이 제나라에만 있다면 소신으로도 충분하겠지만, 천하에 뜻이 있으시다면 관중이 필요합니다."

혹시나 노나라에서 관중을 내어 주지 않을까 염려한 환공은 관중이 죄인이니 압송케 해달라고 했습니다. 그래서 죄인의 몸으로 제나라로 압송되어 오던 도중, 관중은 기오라는 지역을 지나게 되었습니다.

고전을 잡雜 수다

기오의 관리가 관중의 인물됨이 심상치 않음을 보고, 관중을 후히 대접해 주었지요.

관중은 생각지도 못한 대접을 받았는데, 기오의 관리가 은밀히 물었습니다.

"혹시 제나라에 이르러 높으신 벼슬을 하시게 되면 저에게 어떤 자리를 주시겠습니까?"

관중이 그를 빤히 바라보며 말했습니다.

"만약 그대의 말대로 내가 죽지 않고 살아 높은 벼슬을 하게 된다면 나는 능력 있고 지혜로운 사람을 등용할 것이요. 내가 두엇으로 그대에게 보답할 것이라 생각하시오?"

구구절절 옳으신 말씀이지요. 능력과 지혜로 뽑겠다는데 누가 뭐라 하겠습니까요. 입이 열이라도 할 말이 없지요. 그나마 관중은 별 볼일 없을 때도 이처럼 확실하게 선을 긋는데, 대부분의 금수저들은 공수표를 남발합니다. 그러고도 막상 그때가 되면 입을 싹 닦습니다.

금수저들은 자신이 대우 받는 건 당연하다 여깁니다. 자긴 특별하니까요. 당연한 일에 대가를 지불하고 싶은 마음은 눈곱만큼도 없습니다.

‘누가 그러래? 네가 네 맘대로 대접해 놓고 뜬금없이 이게 웬 뒤통수야?’

하! 그러니 우리도 금수저들에게 공명정대하게 대해 줘야 합니다. 특별히 잘해줄 필요가 절대 없습니다.

기오의 관리를 탓하십니까? 사람이라면 자연스럽게 드는 생각이지요. 저도 모르게 ‘혹시나’ 하는 마음이 생깁니다. 놀부 마누라가 주걱으로 뺨을 때리면 뺨에 붙어 있는 밥알을 떼먹어야 하는 게 없는 사람의 서러움이지요.

안 줍니다. 금수저들은 절대, 아주 작은 떡고물도 그냥 주지 않습니다. 당신에게 주는 건 오로지 더 큰 이익을 위한 떡밥일 뿐입니다. 이 부분에 대해서는 철저합니다. 그래서 금수저를 쥐게 되었는지도 모르겠습니다.

어쨌든 금수저로 밥을 먹든 흙수저로 밥을 먹든, 뱃속에 들어가면 똥 되는 건 마찬가지입니다. 우리 밥이나 잘 지어 보자고요.

고전을 잡雜 수다

고전 포커스

옛날부터 법을 어기고 반역을 꾀하는 큰 죄를 짓는 자는 언제나 잘나고 강한 사람들이었지요. 그런데도 법령이 감시하고 처벌하는 사람은 항상 약자들뿐입니다. 이러한 실정이니 일반 백성들은 어디에 하소연해야 할까요?

반식재상은 〈당서, 노회신전〉에 나오는 이야기입니다. 관중과 기오의 관리이야기는 〈한비자 외저설편〉에 나옵니다. 기오의 관리는 관중의 말을 듣고는 그를 원망했다고 합니다. 무릇 남을 도울 때는 보답을 바라지 맙시다. 좌절과 원망까지 떠안을 필요가 없으니까요.

라면 먹고 갈래요? 한비자 세프의 비밀 레시피 드릴게요.

4

요리할 기회는 온다.
안 오는 게 이상한 거죠.

오늘의 요리는 보양식입니다.

여름은 더워서 골골하고 겨울은 추워서 덜덜 하십니까?

당신의 몸을 건강하게 만들 보양식입니다.

보양식은 대부분 푹 익히고 푹 삶고 푹 우려내지요.

대표적인 요리로 소의 다리뼈를 우려먹는 사골이 있습니다.

조리법은 간단합니다.

먼저 사골을 찬물에 한동안 담가 핏물을 빼 준 다음 푹 삶습니다. 대개 처음에 우려낸 국물을 버리고 두 번째 국물부터 사용하지요. 10시간에서 12시간 정도 서너 번 우려냅니다. 소금과 후추, 그리고 파를 넣어 탕으로 맛있게 드십시오.

당신은 보양식 따윈 필요치 않는 강철 체력? 아니면 절실히 보양식이 필요한 허약 체질?

허약 체질이든 강철 체력이든 보양식은 제철마다 챙겨 드세요. 보양식이 오랫동안 우려내듯 세상일도 오랫동안 꾹 참고 버티고 견뎌내야 할 때가 많습니다. 재능만 있다고 다 이루어지는 거 아닙니다. 도리어 재능이 있기에 울분을 참을 수 없을 때가 더 많지요. 운동선수가 보양식을 더 챙겨 먹듯이.

젊었을 때는 우공이산처럼 노력하기만 하면 언제간은 이루어질 줄 알았습니다. 나이가 점점 들어갈수록 운칠기삼, 운이 인생을 좌우한다는 말에 고개가 끄덕여 집니다. 운이란 로또 당첨 같은 것이 아닙니다. 흔히들 대세, 타이밍, 시류를 탔다고 표현됩니다.

내 인생의 운은 언제 올지도 모릅니다. 성경에도 신랑을 기다리는 열 신부 이야기가 나오지요. 어둔 밤 신랑이 언제 올지 모르니까 항상 깨어 있으라고 합니다. 또 등불에 기름을 늘 준비하라고 합니다. 준비된 신부만이 신랑을 맞이할 수 있으니까요. 등불의 기름을 준비한다는 것은 우공이산의 늙은이처럼 부단히 노력하여 내 능력을 채우는 겁니다.

모두들 노력하라, 준비하라고만 하지요. 그 시간이 올 때 까지 살아남는 것 얼마나 힘든지 아시나요? 시간이 올 때까지 내 몸을 보전하는 게 성공의 또 다른 비결입니다. 기회는 반드시 옵니다. 사실 안 오는 게 도리어 이상한 거지요. 다만 그 시간이 언제인지는 누구도 알 수 없습니다.

옛날 제나라에는 습사미라는 현자가 있었습니다. 습사미는 옛 친구인 전성자에게 놀러갔다가 그의 누각에 올라 사방을 둘러보게 되었습니다. 누각에서 바라보니 삼면은 툭 틔어 시원했는데, 남쪽에 있는 습사미네 집의 나무들이 울창해서 시야를 가렸습니다. 전성자는 그 나무를 없애버렸으면 했지만 아무런 말도 하지 않았습니다. 습사미는 친구의 마음을 눈치 챘지요.

집에 돌아온 습사미는 하인을 시켜 나무를 베도록 했습니다. 하지만 하인이 나무를 몇 나무 베지 않았는데 곧 그만 두도록 했습니다.

"나무를 베라고 하시더니, 어째서 갑자기 마음이 바뀌어 그만두라 하십니까?"

습사미가 말했지요.

"옛말에 깊은 연못의 물고기를 아는 사람은 불길하다라고 하더구나. 전성자는 큰일을 꾸미고 있는데, 내가 그것을 알아차리고 나

고전을 잡雜 수다

무를 벤다면 반드시 나를 경계할 것이다. 나무를 베지 않는 것은 죄가 되지 않지만, 다른 사람이 말하지도 않는 것을 알고 있다는 것은 큰 죄가 될 수 있다. 그래서 베지 말라고 한 것이다."

<한비자 설림편〉 중에서

　　말하지도 않았는데, 자신의 의도를 알아서 일처리를 해주는 사람이 있다면 얼마나 편하고 좋을까요? 하지만 아랫사람이 윗사람의 의도를 정확하게 꿰뚫고 있다면? 윗사람 입장에서 보면 굉장히 찜찜하고, 불편한 일입니다.

　　당신의 능력을 제대로 보여주는 일, 물론 중요합니다. 하지만 적당히 하셔야 합니다. 모르는 척도 하시고, 일부러 부족한 면도 보여주셔야 합니다. 그래야 당신 상관이 스스로의 능력을 뽐내며 우쭐할 테니까요. 보여주는 일 만큼이나 당신의 능력을 감추는 일도 중요합니다. 그래야 당신의 자리를 보전할 수 있습니다.

　　능력에 따라 대우 받는 세상이라면 얼마나 좋겠습니까? 대부분의 사람들이 부당하다고 생각하니까 세상에 불평불만이 많은 겁니다. 이게 현실이지요. 당신의 상사가 원하는 건 충실하고 능력 있는 노예일뿐입니다. 사람들은 자기보다 잘난 사람을 절대 키워 주

라면 먹고 갈래요? 한비자 셰프의 비밀 레시피 드릴게요.

고 싶어 하지 않습니다. 뼛골을 쏙쏙 빼 먹는 인간들의 탐욕을 생각해 보십시오. 뼈 빠지게 고생만 할 수 있습니다. 당신의 시간을 기다려야 합니다.

당신은 능력이 출중하니까 빨리 인정받고 싶습니까? 뽐내고 싶습니까?

오나라 왕이 배를 타고 강을 건너가고 있었습니다. 강 건너편에서 한 무리의 원숭이들이 사람을 보더니 두려워하면서 숲속으로 달아났습니다. 하지만 한 원숭이가 더욱 배 가까이로 다가왔습니다. 왕이 장난삼아 활을 쏘았더니, 원숭이는 솜씨 좋게 휙 피했습니다. 은근히 화가 난 왕이 또 활을 쏘자, 이번에는 원숭이가 그 활을 낚아챘지요.

'어디 쏠 테면 쏴봐.' 하고 놀리는 것 같았습니다.

왕은 여러 번 활을 쏘았지만, 그때마다 원숭이는 요리조리 피했습니다.

의기양양해진 원숭이는 잘난 척하면서 왕을 놀리기까지 했습니다.

오나라 왕은 주변의 군사들에게 말했습니다.

"저 놈의 원숭이를 향해 일제히 활을 쏘아라!"

고전을 잡雜 수다

화살이 비처럼 쏟아져 오자 원숭이는 놀라 달아나려 했지간, 이미 때는 늦었습니다.

〈장자 잡편〉 중에서

원숭이에게 무수히 쏟아지는 화살이 마치 마녀사냥 할 따의 인터넷 악플과 같습니다. 크게 잘못한 것도 아닌데, 왜 그렇게 못 잡아먹어서 안달인지 모르겠습니다. 악플에 시달리는 건 연예인이나 정치인들만의 영역을 넘어 선지 옛날이지요? 심각한 일입니다. 개인이 대중을 상대하는 것이 벅찬 일입니다. 찍히면 옳고 그름 따위는 사라져 버립니다. 그냥 미운 거지요. 죄 중에서 제일 무서운 죄가 괘씸죄입니다.

개인이 조직을 상대할 때도 마찬가지입니다. 당신의 상사는 조직을 움직이는 사람입니다. 직장에서도 한 번 눈밖에 나가면 뒷감당이 버겁습니다. 계란으로 바위치기, 다윗과 골리앗. 참 감동적이지요? 하지만 그런 일은 기적이니까 감동인 겁니다.

옛날 천리마를 가려낼 줄 알았던 백락은 자신이 아끼던 수제자에게는 보통 말을 품평하는 법을 가르쳐 주고, 밉상인 제자에게는 천리마를 분별하는 법을 가르쳐 주었답니다. 천리마는 어쩌다 한 번 보기도 어려우니 이익을 얻기도 어렵습니다. 보통 말은 매일 사고 파니 이익도 쉽게 얻을 수 있습니다. 기적이 필요치 않는 세상이 일상입니다. 기적보다는 일상이 더 소중합니다.

요즘 세상은 항상 바쁩니다. 바쁘면 낭비가 많게 마련입니다. 당신의 재능과 지혜, 행동과 생각을 아끼십시오. 당신의 몸을 혹사시키지 마십시오. 타고난 재능이든 인위적인 행동이든 함부로 쓰면 안 됩니다. 남용하게 되면 눈과 귀가 멀게 됩니다.

행동이나 생각 역시 지나치면 혼란스러워집니다. 장님이 되면 대낮에도 위험을 볼 수 없고, 귀가 멀면 벼락이 떨어져도 모릅니다. 행동이나 생각이 지나쳐 한계를 판단하지 못하면 미친 겁니다. 기다리십시오. 세상은 끊임없이 변합니다. 당신이 정말 능력이 있다면 당신의 시간이 올 때까지 당신의 몸을 잘 보존하십시오. 보존의 최대 비결은 당신의 능력을 적절히 숨기는 일입니다.

고전을 잡雜 수다

고전 포커스

〈한비자, 해로편〉에 보면 불감위천하선不敢爲天下先 즉사무불사則事無不事 공무불공功無不功, 이의필개세 而議必蓋世 함부로 천하에 나서지 않고, 서둘러 앞장서지 않으면 하는 일마다 이루어지고 공도 세우게 되니, 그의 의견은 반드시 세상을 뒤덮게 된다 라는 말이 있습니다.

지나치지도 않고 모자라지지도 않게 처신하여야만 요리할 기회도 잡으실 수 있습니다. 무엇을 요리할 지는 당신의 능력이겠지요?

5

꼴 보기 싫은 동료를 위한 꼴뚜기 요리법

오늘의 요리는 꼴뚜기.

싱싱한 꼴뚜기를 골라봅시다.

살이 두툼하고 몸통에 탄력이 있고, 광택이 도는 것이 좋아요.

크기는 너무 크기가 크거나 작은 건 감당 못할 수 있습니다. 중간 크기로 선택합니다.

손질법이 중요합니다.

내장을 싹싹 긁어 낸 다음 눈을 도려내고,

빨판은 소금을 뿌려, 빠득 빠득 거품이 날 때까지 문질러 주세요.

미끈거리던 꼴뚜기, 속 시원하게 깨끗이 빨았나요?

꼴뚜기는 찜, 데침, 조림, 젓갈. 어떻게 먹어도 맛있습니다.

원하시는 대로 찜 쪄 먹던 회 쳐 먹던 맛있게 드세요.

조직은 어떤 목적을 위해 모인 사람들의 집단입니다. 서로 이해 관계가 얽혀있지요. 그러면 제 역할을 잘해 줘야 하는데, 민폐를 끼치는 사람이 있지요. 한두 번 쌓이다 보면 그 사람은 꼴뚜기가 됩니다. 그럴 땐 우린 삼삼오오 모여 꼴뚜기를 어떻게 요리할 것인지 머리를 맞대고 쑥떡 쑥떡 하지요. 꼴뚜기 손질법은 비슷한데, 나오는 요리는 각각 다릅니다.

그런데 내가 꼴뚜기가 되기도 합니다. 상대는 손해를 봤다 여기면 가차 없이 날 꼴뚜기로 만들죠. 나는 잘못한 게 없다고요? 우리 조직이 사랑과 정의를 위해 모인 게 아니라면, 옳고 그른 건 판단 기준이 아닙니다. 조직에서는 이익과 손해에 따라 좋고 싫음이 생기고, 좋은 게 정의롭고, 나쁜 게 악이 됩니다.

이해할 수 없다고요? 나의 생각과 사람들의 평가는 다릅니다.

* 순수한 마음과 성실로써 직무에 임하고 있어요 ⇐ 마음이 빈약한 사람이군.

* 규칙을 잘 지키고 명령에 복종하고 있지 ⇐ 바보 아냐?

* 윗사람은 존경하고 나쁜 짓 따위는 하지 않아 ⇐ 풋, 겁쟁이!

* 말을 할 땐 하고, 행동은 언제나 효율적으로! ⇐ 누군 안 그래?

라면 먹고 갈래요? 한비자 셰프의 비밀 레시피 드릴게요.

누구나 하는 일을 하네.

＊ 두 마음 따위 품지 않고 하지 말라는 일은 안하고, 위에서 하는 말 잘 듣고 가르쳐 준대로 따르고 있어 ⇐ 쯧쯧, 옹졸하다. 옹졸해.

＊ 아는 사람에게만 편의를 도모해 주는 사람 ⇐ 옛 정을 잊지 않는 사람이야.

＊ 돈 보단 내 몸이 소중한 사람 ⇐ 그 사람 교양 있어서 그래.

＊ 살짝 법망을 피해 친척이나 지인을 도와주는 사람 ⇐ 덕을 베풀 줄 아는 사람이지.

＊ 관직을 버리고 우정을 지킨 사람 ⇐ 의리 있네!

＊ 제 지위를 이용하여 이익을 딴 사람에게 나눠주어 인기를 얻다 ⇐ 민심을 얻고 있는 중.

그래서 성실하게 일한 사람은 낮은 위치에서 힘들게 고생하고, 줄 잘 서고 아부와 아첨이 몸에 배인 사람은 고속 승진을 합니다. 이런 일 자주 보시죠? 왜 그럴까요? 대개의 사람은 이익을 위해 움직이고 이익이 되는 쪽으로 생각하기 때문입니다.

장어는 뱀과 비슷하고 누에는 애벌레와 비슷하다. 사람은 뱀을 보면 놀라고 두려워하며, 애벌레를 보면 소름끼쳐 한다. 하지만 어부는 장어를 손으로 움켜쥐고, 아낙네는 누에를 주워 담는다. 이익이 있으면 무서움도 징그러움도 사라진다.

<한비자 비내편>중에서

사치품을 파는 사람은 사람들이 모두 부자이길 바라고, 장례를 치러주는 사람은 사람들이 빨리 죽길 바랍니다. 사치품을 파는 사람은 마음이 너그러워서 그런 걸까요? 장례 치르는 사람은 마음이 잔혹한 게 아닙니다. 타인의 죽음에 내 이익이 관련되었기 때문입니다.

어부나 아낙네가 바로 나입니다. 이익을 추구하는 내가 부끄럽습니까? 왜요? 부끄러운 일은 제 이익만을 추구하는 짓이지요. 우리 모두 윈윈하기 위해 세운 규칙과 법을 교묘하게 왜곡하고, 제멋대로 무시하고, 감쪽같이 속이는 게 부끄러운 짓이지요.

상대가 나에게 잘해 준다면 고맙지요. 하지만 너무 감사해하거나 너무 미안해하진 말아요. 개인은 작은 손해를 감수할지언정 조직은 절대 큰 손해나 큰 이익을 포기하지 않습니다.

라면 먹고 갈래요? 한비자 세프의 비밀 레시피 드릴게요.

위나라 장군 오기가 증산국을 공격할 때, 그의 병사 중 한 사람이 종기로 인해 아파하는 걸 보게 되었습니다. 오기는 직접 병사의 종기에 입을 대고 고름을 빨아주었지요.

그 소문을 들은 병사의 어머니는 통곡을 했습니다.

사람들이 의아해 하며 물었습니다.

"대장군이 일개 병사의 종기를 직접 빨아 주었는데, 왜 우십니까?"

"오기 장군이 옛날에 그 아이 아버지의 종기도 빨아준 적이 있었지요. 아이의 아버지는 오기 장군을 위해 자기 목숨 버리는 걸 아까워하지 않았습니다. 이제 이 아이도 제 아버지처럼 죽음을 무릅쓰고 싸우게 되지 않겠습니까? 그래서 우는 겁니다."

<한비자 외저설편> 중에서

병사의 어머니처럼 사건의 이면을 들여다봐야 합니다. 장수가 병졸의 종기를 빨아주면 병사는 죽기를 다해 충성합니다. 장수로서는 부하사랑이 극진하다 할 수 있겠지만, 병사의 어머니가 볼 땐 장수의 행동은 가증스러운 일입니다. 누가 옳다 그르다의 이야기가 아닙니다. 서로의 입장이 이처럼 다르다는 겁니다.

고전을 잡雜 수다

내가 꼴뚜기들의 윗사람이라면 최대한 능력을 발휘하도록 여건을 마련해주고, 옳고 그름의 잣대를 가져다 대겠지요. 하지만 같은 동료 입장에서 굳이 돋보기로 갖다 대면서까지 다른 꼴뚜기의 흠을 볼 필요가 뭐가 있겠습니까?

나는 동료이지 상사가 아닙니다.

꼴뚜기를 어떻게 요리할지 그건 당신의 상사가 알아서 할 일입니다.

고전 포커스

〈한비자, 육반편〉에 보면 군부인신불충君不仁臣不忠 임금은 인자하지 않고 신하는 충성스럽지 않다는 말이 나옵니다. 이 원리를 깨닫는 사람만이 천하의 패자가 될 수 있다고 했습니다. 임금은 상벌로 관직을 잘 다스려야 하고, 관직이 잘 다스려지면 나라가 부유해지니 그게 임금의 이익입니다. 정당한 상벌을 위해 신하들은 공적을 세우고, 관록을 얻게 되면 부유해지니 이것은 또한 신하의 이익입니다. 그러므로 조직은 인자함과 충성을 요구하기 보다는 서로의 이익을 위해 모인 관계라는 것을 확실히 인지할 필요가 있습니다. 직장에서 이익을 버리고 서로 사랑으로 대하라는 것은 혈육조차 행할 수 없는 일입니다. 능력에 따른 정당한 대가만 주어진다면 충분합니다.

라면 먹고 갈래요? 한비자 셰프의 비밀 레시피 드릴게요.

오늘의 요리는 아귀.

아귀는 생긴 게 참 무시무시합니다.

납작한 몸 덩이에 비정상적으로 큰 머리와 입. 아래턱이 위턱보다 커서 괴상한데다 이빨은 크고 날카롭지요.

게다가 턱에 나있는 유인장치로 지나가는 물고기를 낚는다고 하니, 기질도 흉악합니다.

옛사람들은 아귀가 잡히면 내다 버렸다고 하네요.

요리만 잘하면 아귀도 얼마나 맛있게 변하는지 몰랐나 봅니다.

아귀는 토막을 쳐서 맑은 국이나 찌개로 끓여 드세요. 담백한 맛이 아주 일품입니다.

아니면 콩나물을 듬뿍 넣어 매콤하게 찜으로 드시거나 얼큰한

매운탕으로 드셔요.

아귀는 살, 아가미, 내장, 꼬리지느러미, 껍질 등을 모두 먹을 수 있습니다. 가시만 버립시다.

불교에서 아귀는 탐욕을 부려 지옥에 떨어진 귀신으로 몸은 앙상하게 마르고 배는 엄청 큰데, 목구멍이 바늘구멍 같아 늘 굶주려 있다고 합니다. 그래서 먹을 것만 보면 '아귀' 같이 달려든다고 하지요. 우리 주변에도 아귀 같은 사람이 있습니다. 겉은 점잖아도 속은 아귀 같은 사람이 많지요. 우리는 그런 사람들과 같이 일해야 할 때도 있습니다. 눈앞이 아득해지나요?

아귀와 함께 일을 할 땐 선과 악에 대한 생각을 조금 달리 생각해 보십시오. 도대체 선이란 무엇이고 악이란 무엇이죠?

어린 소년이 도둑질을 했는데, 그 사정이 딱해서 형사가 처벌받지 않도록 도와주었습니다. 그런데 그 소년이 얼마 되지 않아 강도와 살인까지 저질렀습니다. 맨 처음 소년을 체포했던 형사가 어린 소년에게 죗값을 치르게 하지 않았던 일은 선이었을까요? 악이었을까요?

또 이런 일도 있습니다. 한 소년이 깡패에게 얻어맞았습니다.

소년은 깡패에게 맞은 게 너무 분해 복수를 다짐했습니다. 공부를 포기하고 싶을 때마다 깡패를 생각했기에 소년은 판사까지 될 수 있었습니다. 어느 날 판사가 피고인을 보니 어린 시절 자신을 때렸던 깡패였다고 합니다.

판사는 이렇게 말을 했다고 합니다.

'당신 덕분에 내가 이 자리에 앉게 되었소.'

그럼 판사에게 깡패는 선이었을까요? 악이었을까요?

물론 결과만 보고 선이다 악이다 말할 수 없지요. 결과만 좋으면 나쁜 짓도 다 용서하라는 말이 아닙니다. 또한 개인의 선악과 공공의 선악도 역시 구별되어야 하겠지요.

옛날 노나라의 대부 계손씨에게는 "양호"라는 가신이 있었습니다.

계손씨가 힘을 얻자 그 힘을 이용하여 양호는 사람들을 모아 노나라의 대부를 공격하려했습니다. 하지만 그 일은 실패했고 양호는 제나라로 도망을 갔습니다.

그곳에서 양호는 또 신하로 일하다가 다시 조나라로 갔지요.

조나라의 조간자가 양호에게 물었습니다.

"들리는 말로는 자네는 사람을 추천해 주는데 재주가 있다는데?"

고전을 잡雜 수다

양호가 말했습니다.

"사람 보는 눈은 없는 것 같습니다. 제가 노나라에 있을 때 세 사람을 추천했지요. 그들 모두 대신이 되었는데, 제가 죄를 짓자 그들은 앞장서서 나를 잡으러 왔습니다.

또 제가 제나라에 있을 때도 세 사람을 추천하자 한 사람은 왕의 근신이 되고 한 사람은 현령, 또 한 사람은 후리가 되었지요. 하지만 제가 죄를 얻게 되자 왕의 근신이 된 사람은 저를 만나 주지도 않았고, 현령이 된 사람은 나를 잡아다 묶으려 했고, 후리가 된 사람은 국경까지 나를 잡으러 왔습니다. 저는 사람을 뽑아 쓰는 게 서투른 게 분명합니다."

조간자는 웃으며 말했습니다.

"귤나무를 심으면 달콤한 열매를 따먹고 좋은 향기를 맡을 수 있지만 가시나무를 심으면 찔리게 되는 법이지. 그러므로 군자는 무엇을 심을까 신중히 생각하지 않을 수 없네."

양호가 추천한 사람들은 양호 자신에게는 은혜도 모르는 나쁜 녀석들입니다. 하지만 노나라나 제나라 입장에서는 좋은 일이지요. 양호는 "왕이 현명하면 충심으로 섬기지만, 어리석다면 간사한 짓을 꾸며 그를 시험해 볼 만하다."라고 당당하게 말을 하곤 했습니다. 이런 솔직함이 맘에 들었을까요? 조나라 진왕은 '나쁜 사람'이라는 세간의 평판에도 아랑곳하지 않고 양호를 재상으로 임명합니다. 신하들이 그 이유를 묻자 진왕은 이렇게 말했습니다.

"양호는 권력을 뺏으려고 열중하겠지. 나 역시 권력을 뺏기지 않으려고 열중하게 될 것이다."

일이란 대개 공적인 분야입니다. 그러니 아귀 같은 놈이라 할지라도 같이 일하지 못할 이유가 없습니다. 일을 할 때 경계해야 하는 것은 오히려 선한 사람들입니다. 아귀처럼 나쁜 놈이라는 걸 알면 조심이라도 하는데, 착한 사람들이 다가오면 속수무책이니까요.

BC 575년, 진나라가 정나라를 공격하자, 정나라는 초나라에 구원을 요청했습니다. 초나라 공왕은 원병을 보내 언릉 땅에서 정나라와 전투가 벌어졌지요. 전투 중 초나라 공왕은 눈을 다쳤고 그로 인해 전투는 패했습니다.

그때 초나라 장수 자반이 목이 말라 마실 것을 찾자 심부름하는 아이 곡양이 술잔을 올렸습니다.

"이건 술이 아니냐?"

"드시고 힘을 내셔야, 다음 전투에서 승리 하시지요."

그런데 자반은 술을 너무 좋아하는지라 한 잔이 두 잔이 되고, 두 잔이 세 잔에 이르니 그만 취하고 말았습니다.

그때 눈을 다친 초나라 공왕이 자반을 찾았습니다. 자반은 병이 났다고 서둘러 핑계를 댔지요. 초공왕은 친히 마차를 타고 자반의 처소를 찾았다가 술에 취한 자반을 보았습니다.

"나는 눈을 다치고 자반은 술에 취했구나. 이 전쟁은 포기한다."

초공왕은 군사를 물려 초나라로 돌아왔습니다. 그리고 자반을 역적죄를 물어 목을 베었지요.

심부름꾼 곡양은 아마 착한 아이였을 겁니다. 자신의 주인인 자반이 좋아하는 걸 가져다주려고 했을 뿐입니다. 자반에 대한 충성의 마음도 컸을지도 모릅니다. 결코 자반을 죽이고자 술을 가져다준 것이 아니었지요. 죽은 자반을 보고 우리도 배운 게 있지요?

그래서 우리는 담배 피지마라고 합니다. 사랑하는 사람아, 아무리 지치고 힘들어도 담배 피우지 마! 게임을 그렇게 하다가는 너 중독돼. 게임하지 마. 이게 다 널 사랑하니까 내가 이렇게 '악'을 씁니다.

하지만 그다지 효과가 없지요? 담배 피우는 사람도 게임을 하는 아이도 나쁘다는 걸압니다. 아는데, 안 되는걸 어떡합니까? 선의만으로는 일이 해결되지 않습니다. 강력한 규제 속으로 모질게 몰아넣어야 합니다. 사랑만으로 변화 시키는 건 힘듭니다. 애초에 원인은 사회의 시스템 속에 있었는지 모릅니다. 사회가 한 짓을 한 개인이 책임지려고 하니까 더 버거운 겁니다. 눈물은 가끔 기적을 만들어 내기도 하지만 흔한 일이 아닙니다.

"인간의 욕망은 이익과 안전을 추구하고 위험과 곤궁을 회피"한다고 합니다.

악의로 대하십시오. 선한 마음은 눈물을 흘리게 하지만 악한 행동은 일을 성취하게 합니다. 선이 변하여 악이 되고, 악이 변해 선이 되기도 합니다. 아귀 같은 그 녀석, 사회가 벌할 일이지 내가 흥분할 일이 아닙니다.

착한 사람에게 배신당하는 것보다 나쁜 놈에게 당하는 게 덜 억울합니다. 믿는 도끼에 발등 찍히는 법입니다. 상대가 나쁜 놈인 줄 알면 늘 경계할 터이니 느닷없이 뒤통수는 맞지 않을 겁니다. 애 끓이지 말고 우리는 늘 조심하면서 진득하게 기다려 봅시다. 아귀 잡아다가 찜 쩌 먹는 순간을요.

고전 포커스

〈한비자, 해로편〉에서 노자에 대해 해석하고 있습니다. 사람은 화를 당하면 두려운 마음에 행동을 바로하게 되며, 사려가 깊어지는데 이로 인해 결국 몸을 온전하게 보전한다고 했습니다. 그러나 사람이 복이 생기면 부귀해지고, 부귀해지면 먹고 입는 게 아름다워지며, 아름다워지면 교만한 마음이 생기고 그렇게 되면 행실이 도리에 어긋나게 되어 일에 있어 성공하는 게 없다고 했습니다. 그런 일이 반복되면 안으로는 일찍 죽을 재난이 있고 밖으로는 성공의 명성이 없으니 큰 재앙이라고 했습니다. 그러므로 "화혜복지소의 禍兮福之所倚 화란 복이 의지하는 곳이고, 복혜화지소복 福兮禍之所伏 복이란 화가 엎드려 있는 곳"이라고 했습니다. 화禍와 복福은 상호 의존적이면서 서로 전환하는 변증적인 관계에 있습니다. 나쁜 것을 나쁜 것이라고만 볼게 아니고 선한 것 역시 선한 것으로만 보지 않는 유연한 사고가 무엇보다 필요한 시대입니다.

라면 먹고 갈래요? 한비자 세프의 비밀 레시피 드릴게요.

두드리면 열릴 것이다.
장자네 고민 상담소

잘 오셨습니다.
저희 장자네 고민상담소에는 그대의 고민을
상담해드립니다.
상담료가 무료임에도 불구하고
그대에게 생각하는 뇌와 뚫어지게 바라보는
눈을 선물로 드립니다.
주저하지 마시고 멜이나 SNS를 보내 주세요.

P.S 가끔씩 꽝! 뽑았다 생각하세요.

왜 못생긴 남자들이 내게 들이대죠?

장선생님!

오늘 어떤 남자가 제게 고백을 하더군요. 저는 미안하다고 거절하면서 돌아섰지요.

사실 저는 몹시 기분이 나빴습니다. 솔직히 이런 말을 하면 미안하기는 하지만 그 남자는 전혀 아니올시다 였거든요.

전 정말 궁금합니다.

왜 멋진 남자들은 가만히 있고 얼토당토 않는 남자들은 용감한 걸까요?

그 남자들의 근자감은 도대체 어디서 오는 거죠? 제 친구들 중에도 정말 별로인 여자가 근사한 남자를 낚아채 가버리고, 아무리 봐도 별로인 남자가 정말 멋진 여자랑 사귀는 걸 종종 봅니다. 정말 남자가 보는 눈과 여자가 보는 눈은 다른 걸까요?

정말 세상은 이해되지 않는 일투성이지요? 그러나 이해하지 못할 일도 아니랍니다. 먼저 남자의 눈이랑 여자의 눈은 별반 다르지 않습니다. 다만 바라보는 목적과 방향이 다를 뿐이죠. 남자가 바라는 여자와 여자가 바라는 여자는 다르죠. 목적이 다르니 선택기준도 다른 건 당연합니다. 이건 쉽게 이해되시지요.

멋진 남자나 멋진 여자들이 움직이지 않는 것도 당연합니다. 가만히 있어도 다가오니 먼저 용기를 내어 움직일 필요가 있을까요? 요즘처럼 바쁜 사회에서는 가만히 있으면 조용히 묻힙니다. 우는 아기 젖 준다고 울지 않으면 누가 거들떠보기라도 합니까?

부족하고 모자라니까 뭐라도 해야죠. 얼토당토 않는 사람들이 용감한 건 극단적으로 말하자면 절박하니까 필사적으로 행동하는 겁니다. 그들의 자신감은 사실 결핍이 바탕에 깔려있지요. 결핍은 강한 추진력을 낳고, 성공하려면 당당해야하죠. 당당해지려고 노력하다보니 실제로 당당해졌고 용감해졌죠. 그래서 결과적으로 보면 멋진 사람들이 오히려 선택을 당하는 겁니다. 선택 당하는 게 꼭 기분 나쁜 것도 아니지요. 선택되었을 때는, 뽑혔을 때는 뭐가

두드리면 열릴 것이다. 장자네 고민 상담소

뭔지 잘 몰라도 일단은 기쁘지 않습니까?

〈논어〉를 보면 공자는 "남이 자신을 알아주지 못할까 걱정하지 말고, 내가 남을 제대로 알지 못할까 걱정해야 한다."는 말을 자주 합니다. 남이 나의 멋진 진면목을 알아줄 때까지 기다리기보다 내가 남을 알아나가는 게 훨씬 효과적입니다. 내가 남을 알면 남도 나를 압니다. 내가 남을 보는 만큼 남도 나를 볼 기회가 많겠지요. 기회가 많은 사람은 성공할 확률도 당연히 높습니다. 일단 기회를 잡아야 그 다음이라는 게 있지요.

여기서 또 하나 멋진 남자와 별로인 여자, 별로인 남자와 멋진 여자의 조합에 대해서는 들려드리고 싶은 이야기가 있습니다.

전국시대 초기에 양자라는 철학자가 송나라에 갔다가 돌아오는 길에 어느 여관에 묵게 되었지요. 그 여관 주인에게는 부인이 둘 있었는데, 한 사람은 미인이고 한 사람은 추녀였습니다. 그런데도 추녀는 존경과 사랑을 받고 미녀는 멸시와 천대를 받고 있었습니다.

양자가 주인에게 그 이유를 물었지요.

"미인은 스스로 아름답다 하는데, 저는 아름다운 줄 모르겠고, 추녀 역시 스스로 추하다고 하는데 저는 추한 줄 모르겠습니다."

양자가 제자들에게 말했습니다.

"명심하여라. 어진 행동을 하면서도 스스로 어진 행동을 한다 여기기 않으면 어디 간들 사랑을 못 받겠느냐?"

도대체, 이게 무슨 말일까요? 미녀는 자신의 미모를 뽐내다 미움을 받고, 추녀는 자신의 못생김 때문에 저절로 겸손해서 사랑을 받았다는 걸까요?

미인은 제가 미인인줄 몰라야 진짜 미인이다? 겸손이야 말로 최고의 미덕이다?

네. 분명 그렇긴 합니다. 성경에도 비슷한 말이 있지요.

"아름다운 여인이 삼가지 아니하는 것은 마치 돼지 코에 금 고리 같으니라."(잠언 11장22절) 도대체 무엇을 몰라야 하고 무엇을 삼가야 한다는 걸까요?

혹시 미인은 제 미모를 계속 자랑하고 싶어 하는데, 추녀는 자기 이야기는 너무 하기 싫은 거 아닐까요? 그래서 남편더러 당신 이야기를 하라고 계속 부추기고 자기는 듣고 있는 건 아닐까요?

상대가 계속 내 이야기를 듣고 싶어 한다는 건 관심 받고 있다는 것이고, 스스로도 왠지 중요한 사람이 된 듯 한 느낌을 줍니다.

사실 사람이라는 게 참 이기적인 존재이지 않습니까? 사람은 누구나 본인이 반짝이고 싶어 합니다.

하지만 스스로 빛을 내기란 몹시 어렵지요. 미녀, 미남도 나를 반짝이게 해 줄 존재를 좋아합니다. 꼭 외모에 한정되는 이야기가 아닙니다. 내 이야기에 맞장구쳐주고, 내 못남을 줄줄이 읊어댈 때, 거기에서 내 장점을 멋지게 뽑아내주는 사람을 좋아하지요.

그런 사람과는 계속 같이 있고 싶습니다. 그래서 자기 이야기를 쉴 새 없이 하는 사람보다는 내 이야기를 잘 들어주는 사람이 인기가 많지요.

가장 유명한 사람으로는 '추남 애태타'가 있습니다

노나라 애공이 공자에게 물었습니다.

"위나라에 '애태타'라는 아주 못생긴 사람이 있습니다. 애태타랑 함께 있어 본 남자들은 그 사람 생각에 그 사람 곁을 떠나지 못하고, 여자들은 그 사람의 첩이라도 되게 해달라고 부모님을 조른답니다. 그 수가 어찌나 많은지 지금도 계속 늘어나고 있지요.

애태타는 딱히 하는 것도 없습니다. 그냥 언제나 사람들에게 고개를 끄덕여 줄 뿐입니다. 아는 것도 많지 않은 사람입니다. 그런

고전을 잡雜 수다

데도 애태타에게 사람들이 몰려드는 것은 그 사람에게 무언가가 있기 때문이겠지요?

그래서 저도 애태타를 불러 살펴보았습니다. 정말 못생겼더군요. 그런데도 저는 한 달도 못되어 애태타의 사람됨에 반하고, 일 년이 못돼 그 사람을 완전히 신임을 하게 되었습니다. 그래서 나라의 재상이 되어 달라 청을 하였더니, 애태타는 모호하게 대답을 하면서 사양을 하더군요. 저는 조금 민망했지만 억지로 그 사람에게 나라 일을 맡겼지요. 그랬더니 애태타는 저를 떠나갔습니다.

저는 무언가를 잃은 듯 마음이 참을 수 없이 아파왔습니다. 애태타가 없는 지금 더 이상 기쁨이라는 감정조차 느끼지 못할 것 같습니다.

애태타는 도대체 어떤 사람입니까?"

공자가 말했습니다.

"제가 초나라에 갔을 때 죽은 어미의 젖을 빠는 새끼 돼지를 본 적이 있습니다. 새끼들은 잠시 어미의 젖을 빨다가 곧 죽은 어미를 버리고 달아나더군요. 이는 죽은 어미 돼지에게서 저희의 모습을 볼 수 없었기 때문이겠지요. 죽은 어미 돼지는 살아있는 저희들과는 무언가 다른 존재라는 걸 알았기 때문입니다. 어미를 사랑한 것은 그 몸이 아니라 그 몸을 움직이는 무언가이겠지요.

두드리면 열릴 것이다. 장자네 고민 상담소

　애태타는 말을 하지 않고도 신임을 얻고, 공이 없으면서도 사랑을 받습니다. 아마도 애태타는 자신의 재질을 온전히 보존하면서도 자신의 덕에 조화를 이룬 사람일겁니다. 물처럼 고요한 덕을 밖으로 드러내지 않았기에 사람들이 그에게서 떠나지 못합니다.”

　덕이 고요한 물처럼 조화를 이루었다고 하는 군요. 명경지수처럼 고요한 물에는 도대체 무엇이 보일까요? 우리는 애태타라는 사람을 볼 때 애태타를 보는 게 아닙니다. 애태타라는 물에 비친 나의 아름다움을 보는 것이지요. 자아도취라는 것은 강력한 매력입니다. 나르시스가 괜히 물에 빠져 죽었겠습니까? 나를 반짝이게 해주는 사람을 어찌 사랑하지 않을 수 있겠습니까? 타인을 사랑한다는 건 정말 힘든 일입니다. 그 사람을 정말 사랑하신다고요? 어쩌면 그 사람을 사랑하는 나 자신을 사랑하는 거 일 수 있습니다.

　그럼 애태타가 능력이 없는 걸까요? 매력이 없습니까? 그게 바로 애태타의 진정한 능력이고 매력입니다. 그 가치가 희소하니 더욱 소중하지요. 애태타의 사랑스러움은 정말 특별합니다. 세상의 잣대는 여러 가지입니다. 그대가 볼 때는 정말 별로인데, 다른 사람이 보면 정말 멋질 수도 있습니다. 내 잣대가 절대적인 게 절대 아닙니다.

별로인 사람이 고백을 했다고요? 짜증을 내거나 미안해 할 게 아니라 어째든 고마워 해야지요. 다만 나는 너를 선택하지 않았을 뿐인거죠. 어째든 훈훈하게, 서로 예의 있게 아쉬운(?)걸로 할까요.

그대 스스로 생각하기에 나 정도면 괜찮은 사람이다 싶으면 선택받기를 기다리지 마세요. 그대가 선택하시는 게 훨씬 낫습니다. 그대가 좀 별로다 싶은가요? 사람마다 보는 눈이 다 다르니 얼마나 다행입니까? 눈을 덮는 눈꺼풀처럼 다들 눈에 콩깍지 하나씩 있으니 걱정 마세요. 사람 속은 모르는 겁니다. 그럼 모든 선남선녀들 홧팅!

고전 포커스

미녀와 추녀 이야기는 〈장자, 산목편〉에 실려 있고, 추남 애태타는 〈장자, 덕충구편〉에 실려 있습니다. 애태타(哀駘它)라는 말은 '낙타처럼 등이 굽어 슬프고 어리석은 사람'이라는 뜻입니다. 공자에게 애태타에 대해 물었던 노나라의 애공은 임금이란 그저 나라를 다스리고 백성이 법을 따르도록 하고 그들을 지킬 뿐이라 생각했는데, 애태타로 인해 자신의 임금노릇이 백성을 잘못된 길로 가게 하는 게 아닌지 두려워하게 되었노라고 고백합니다.

저도 웃기고 싶어요.

장선생님!

저는 소심하고 내성적인 사람입니다. 제가 내성적이라 싫은 건 아니지만 저도 좀 활발해졌으면 좋겠어요. 그러니까 사람들을 웃기게 하고 싶어요. 똑같은 말인데도 어떤 사람이 하면 까르르 웃고 왜 제가 하면 썰렁한 거죠?

사람들을 잘 웃기는 사람이 너무 부러워요. 어떻게 하면 저도 사람들을 웃게 할 수 있을까요?

개그맨 지망생은 아니신 거죠? 부디 아니길 바랍니다. 개그맨 지망생이라면 정말 웃길 뻔 했어요. 유머감각은 현대인이 정말 갖고 싶어 하는 덕목이죠. 유머의 중요성이나 필요성에 대해서는 누

고전을 잡雜 수다

구보다 더 잘 아실 테니, 이 점은 넘어갈게요.

결론부터 말씀드리자면 갖고 싶어 하시는 유머 감각, 갖기 힘드실 겁니다. 그건 어찌 보면 '미모'나 '성격'처럼 타고 태어나는 거니까요. 설혹 드러나지 않았다 하더라도 내재되어 있는 재능인 거죠. 유머는 타이밍이고 센스인데, 그건 가르친다고 해서 배워지지도 않아요. 자기 안에 없으면 절대 부화하지 않습니다.

중국 미인 '서시'를 아시나요?

춘추전국시대 오나라와 월나라에서는 와신상담으로 유명한 치열한 복수전이 있었어요. 한때 전쟁에서 패한 월나라는 오나라 왕에게 미인 서시를 뇌물로 받쳤지요. 오나라 왕은 미인 서시에게 푹 빠져 그녀의 방에서 나오질 않았답니다.

그런데 서시에게는 가벼운 병이 있었는데 늘 가슴이 아픈 거예요. 가끔씩 병이 도지면 가슴을 움켜쥐고 눈살을 찌푸렸답니다. 서시는 가슴앓이 병이 심해지자 친정으로 돌아가 잠시 요양하고 돌아오고 싶다고 오나라 왕에게 청했지요. 오나라 왕은 잠시라도 떨어지기 싫었지만, 서시의 청을 들어주었어요.

서시가 친정으로 돌아가는 길에 어떤 마을 처녀가 가슴 때문에 눈살을 찌푸리는 서시를 보게 되었답니다. 마을 처녀는 그런 서시가 너무나도 아름다워 보여 자신도 늘 눈살을 찌푸리며 다녔대요.

마을 처녀의 찌푸린 꼴을 보고 마을 사람들은 모두 문을 걸어 닫아 버렸답니다. 마을 처녀는 눈살을 찌푸린 서시가 아름다운 건 알았으나, 왜, 어째서 서시가 아름다운지 그 까닭은 알지 못했답니다.

유머 감각도 따라 한다고 되는 게 아니랍니다. 자칫 잘못하면 서시를 따라한 마을 처녀꼴이 되기 십상이지요. 웃긴 여자가 웃긴다고 할지도 몰라요. 하지만 전혀 방법이 없는 건 아니랍니다. 당신에게도 당신만의 유머 감각을 찾으면 됩니다. 당신에게도 분명 유머 감각이 있습니다. 왜냐면 유머라는 건 경직되는 걸 풀어주는 여유니까요. 유머란 자기 자신과 거리를 두게 함으로써 자유로워지게 하는 기질을 가지고 있습니다.

소심하고 내성적이라 하셨지요? 사실 내성적이라는 건 엄청 좋은 성격이에요. 매력적이기도 하고요. 타인에 대한 배려가 깊고 예의도 바르지요. 훌륭한 덕목이긴 하지만 다소 경직되기 쉽죠. 유머의 반대편에 서 있는 것이 진지함이랍니다. 자기 자신에 대해 너무 진지하면 경직되어서 자유로움이 들어올 틈이 없답니다.

자신의 상황이나 잘못을 다소 과장되게, 조금 더 나아가 우스꽝

스럽게 이야기해 보세요. 자기 자신에 대해 웃을 수 있어야 합니다. 웃음은 경직을 풀어주고 영혼을 자유롭게 해주지요. 마치 내일이 아닌 것처럼 뻔뻔하게 말해 보세요.

사람들은 의외로 뻔뻔한 걸 굉장히 재미있어 해요. '뻔뻔'해 지려면 아주 '백치미'가 있든지 보통 이상의 '지성미'가 있으면 됩니다. 백치미도 약간 타고 나는 거라 노력으로 그게 될까 살짝 의문이네요.

남는 건 '지성미'밖에 없습니다. 지성미는 원하면, 진짜 원하면 가질 수 있습니다.

그럼 '동방삭'이야기를 듣고 분발해 볼까요?

한나라 무제때 '동방삭'이라는 유명한 재담꾼이 있었어요. 동방삭은 기지와 재치가 뛰어났는데, 그가 벼슬을 하게 된 것도 스스로 칭찬하는 뻔뻔스러움 때문이랍니다.

당시 한나라에는 여름 복날이 되면 관리들에게 고기를 나눠주는 전통이 있었어요. 그런데 고기를 나눠 줘야 하는 관리가 늦도록 오지 않자 동방삭은 제가 알아서 고기를 싹뚝 잘라 자기 집으로 가 버렸답니다. 관리는 절차를 무시하고 제 멋대로 고기를 가져간 동방삭을 벌을 달라고 한무제에게 청했어요.

한무제는 동방삭을 불러 꾸짖었어요. 그리고는 스스로 무엇을

두드리면 열릴 것이다. 장자네 고민 상담소

잘못했는지 말해 보라고 했습니다. 고개를 푹 숙이고 있던 동방삭은 이런 시를 읊었답니다.

삭아! 삭아!

어명을 기다리지도 않고 하사품을 가져가다니 참으로 무례하다.

칼을 빼어 고기를 자르다니 참으로 용감하다.

고기를 잘라가되 많이 가져가지 않았으니 참으로 양심적이다.

집에 가져가서 아내에게 줬으니 참으로 어진 남편이다.

한무제는 웃음을 터뜨렸답니다.

그리고는 동방삭에게 술 한 섬과 고기 100근을 상으로 내려주었답니다.

동방삭, 참으로 뻔뻔한 사람이지 않나요? 처음에는 자기 잘못을 고하는가 싶더니 결국 자기 자랑인거죠. 깔때기도 이런 깔때기가 없습니다. 이 정도의 뻔뻔함은 거의 예술이지요. 사람들은 그냥 웃지만, 이건 동방삭의 고도의 심리전입니다. 은근히 사건의 순서대로 나열함으로써 사건의 프레임을 뒤집어 놓았습니다.

동방삭에게 무슨 죄를 물어야 하는지 모두들 까먹어 버렸습니다. 그래서 일까요? 사람들은 최고의 골계가로 동방삭을 뽑습니

고전을 잡雜 수다

다. 동방삭은 하도 뻔뻔해서 삼천년에 한 번 열린다는 천도복숭아도 세알이나 훔쳐 먹었다고 해요. 그러고도 천도복숭아의 주인인 서왕모에게 혼나지 않았으니 대단하지 않나요? 어떠신가요? 한번 뻔뻔해져 보시겠어요? 유머와 뻔뻔함은 거의 동격입니다.

저는 예의와 배려를 지니신 당신이 참 매력적이라고 생각합니다. 요즘 보기 드문 재능이고 기질이잖아요. 없는 재능을 탐하기보다는 자신의 장점을 더욱 확장 발전시켜, 지성을 더해 보세요. 유머는 그 속에서 저절로 생기게 될 겁니다.

고전 포커스

서시가 눈살을 찌푸린다는 서시빈목西施矉目은 〈장자, 천운편〉에 나오고, 동방삭의 이야기는 〈한서, 동방삭열전〉에 실려 있습니다.
그런데 서시는 진짜 가슴앓이 병이 있었을까요? 혹시 서시의 병은 오나라를 도망쳐 나오기 위한 계책이 아닐까요?
서시가 오나라에서 나온 뒤 오나라왕 부차는 죽고 나라는 망합니다. 그러자 범려는 월나라의 모든 관직에서 물러났습니다. 범려는 이름도 바꾸고 제나라로 가서 수만금의 재산을 모은 부자가 되었다고 합니다.
그런데 서시는 도대체 어디로 갔을까요? 역사에는 등장하지 않지만 민간에서 심심치 않게 서시와 범려가 강가에서 배를 타고 놀고 있더라는 이야기가 많습니다.

왜 난 꿈이 없죠?

장선생님!

저는 20대 후반 직장여성입니다. 그냥 평범한 가정에서 태어나, 별 다른 문제없이 학교를 다니다가, 이제는 그럭저럭 평범한 직장을 다니고 있습니다.

나는 왜 이렇게 평범할까 혼자 잠시 고민을 해 보았습니다. 결론은 꿈이 없었기 때문은 아닐까 생각해요. 어릴 때부터 '넌 꿈이 뭐니?'하고 누가 물어보면 이것저것 많이도 둘러대기도 했지만, 실은 정말 간절히 무언가 되고 싶거나, 절실히 갖고 싶은 게 없었어요.

도대체 왜 난 꿈이 없죠?

몹시도 평범하시군요. 솔직히 전 좀 부럽습니다. 평범하게 살아

오셨다는 건 그만큼 삶에 모난 구석이 없었다는 반증이니까요. 모난 돌은 망치로 두들겨 맞아 가루가 되거나, 아니면 더욱 벼려져서 뾰족해지죠. 뾰족한 돌은 칼이나 도끼가 되어 세상에 쓰임을 받습니다. 우리가 흔히 말하는 '꿈'은 칼이나 도끼, 혹은 반짝거리는 보석입니다.

왜 꿈이 없냐고요? 강렬한 결핍이 없는 겁니다. 꿈이란 실현되길 바라는 희망이나 이상입니다. 무언가 바라는 게 있다는 건 결핍 속에 있다는 뜻이니까요. 갈증을 느끼면 물을 마시길 바라고, 추우면 두툼한 옷을 입길 바라는 것 처럼요.

그렇다면 꿈이란 결핍에서 시작되지요, 결핍은 결코 좋은 게 아닌데도 불구하고 우리는 모두 '꿈'이 있길 바랍니다. 왜냐면 꿈이 없으면 할 일이 없으니까요. 할 일 없는 백수를 우리는 몹시도 못 견뎌합니다. 어떻게 해서든 일을 만들고, 그 일이 이왕이면 꿈을 향해 나아가길 바라지요.

공자님과 자공의 대화 중에 이런 말이 있습니다.

공자 "나는 이제 말을 하지 않으련다."

자공 "선생님께서 말씀을 해 주시지 않으면 저희는 무엇으로 가르침을 받을 수 있겠습니까? 또한 무엇으로 후대에 전할 수 있겠

두드리면 열릴 것이다. 장자네 고민 상담소

습니까?"

공자 "하늘이 무슨 말을 하더냐? 사계절은 고요히 운행을 하며, 세상 만물들은 스스로 나서 자라고 있다. 하늘이 무슨 말을 하더냐?"

음, 사실 하늘이 언제나 고요히 천지를 운행하는 게 아니죠. 어떤 날은 천둥번개가 요란하게 칠 때도 있고, 너무 더운 여름날도 있고 몹시도 추운 겨울날도 있지요. 이럴 때 우리는 천둥번개가 멈추길 바라게 되고, 여름과 겨울이 빨리 지나가길 바랍니다. 꿈이란 이처럼 평범하게 다가왔던 일상이 변화할 때 생겨나죠. 자연스럽게.

일 년 열두 달, 따뜻한 봄날일 수만은 없죠. 곧 뜨거운 여름이 닥칩니다. 어쩌다 보니 그대는 봄날이 길었다 뿐이지, 하다못해 요란한 천둥번개라도 울려 댈 겁니다. 그때는 그대의 욕망을, 그대의 결핍을, 그대의 바람을 직시하시게 될 겁니다. 그 욕망과 바람, 그리고 결핍이 멋진 꿈으로 승화되길 바랍니다.

그런데 자공이 공자를 보고 말을 해 달라고 조르지요? 말을 하지 않으면 우리가 어떻게 가르침을 받고, 또 그 가르침을 어떻게 후대로 전할 수 있겠느냐고요. 그 모습이 마치 아이에게 꿈을 가지라고 윽박지르는 어른들 같습니다. 어른들은 꿈을 가져야 성공을 하고, 꿈이 있어야 멋지고 알찬 삶을 살 수 있다고 말합니다.

솔직히 모든 돌이 다 칼(처음에는 다 돌칼입니다. 사회가 정교해지면서 철제 검이 나왔죠.)이 되고 다이아몬드가 되는 게 아니잖아요.

그런데도 우리는 모든 돌을 갈고, 닦고 연마할 준비가 되어 있습니다.

"널 칼로 만들까? 다이아로 만들까, 어떤 방식으로 갈고 닦을까? 알아야 하니 어서 말을 해. 말을 안 하면 귀신도 그 속을 몰라, 그러니 어서 말을 해보렴. 너의 꿈은 뭐니?"

우리가 전문가였으면 좋겠어요. 전문가들은 척 보면, 떡잎만 봐도 알잖아요. 대체로 평범한 우리들은 돌인지 다이아인지 몰라요. 그런데도 우린 어릴 때부터 꿈을 가지길 강요받습니다. 솔직히 발명가가 될 거라고 해서 발명가가 되고, 작가가 되고 싶다고 해서 작가가 된 사람은 없어요. 어쩌다 보니, 그냥 발명가가 되고 싶었고, 그래서 발명가가 되었고, (사회에 크나큰 발전을 가져오기도 하죠.) 어쩌다 보니 글 쓰는 재주를 발견해서 작가가 된 거죠.

지나고 나서 생각해 보니 억지를 쓰지 않아도 그냥 그렇게, 자연스럽게 무언가가 되어졌고, 되어갑니다. 꿈, 꿈, 거리지 않아도요. 일 년 열두 달 평온한 날만 지속될 수 없듯, 자연스럽게 우린 모두 결핍에 의해 바람을 가지게 되고, 꿈을 가지게 됩니다.

그런데도 우리는 기다리지 못합니다. 꿈이 없는 사람은 쓸모없는 사람 취급을 당합니다. 마치 모든 돌이 다 쓸모 있는 돌이길 바라는 것과 똑같습니다. 꼭 쓸모 있는 사람이 되어야 하나요? 쓸모없는 인간은 정말 아무짝에도 쓸모가 없나요?

혜자가 장자에게 말하죠.

"자네의 말은 쓸모가 없네."

장자가 말합니다.

"쓸모없음을 알아야 쓸모있음을 말할 수 있지. 땅은 한없이 넓지만 사람에게 쓸모 있는 땅은 발이 닿는 부분뿐일세. 그렇다고 발 닿은 부분만 빼고 그 둘레의 나머지 땅을 다 없애버리면, 과연 그 땅은 쓸모가 있을까?

솔직히 쓸모없는 걸 찾기가 더 어렵죠. 다만 쓸데를 못 찾을 뿐입니다. 사회가 바라는 그 어떤 '쓸모'라는 쓰임에 맞추려다 보니까 더욱 그렇습니다. 요즘 사회는 더욱 급변하고 쓸모 역시 아주 달라지고 있습니다. 주눅 들지 마세요.

고전을 잡雜 수다

그대는 어떤 쓸모를 위해 어떤 꿈을 가지고 싶습니까? 혹시 그대의 꿈이 아니라 타인의 꿈을 강요받고 있는 건 아닙니까? 타인의 꿈은 바람이나 희망이 아니라 헛된 기대나 생각이지요. 타인의 꿈을 거부하다보니 꿈이 없다고 생각하는 건 아닌지요?

그렇다면 그대의 꿈 없음이 참으로 멋집니다. 꿈 없음은 정말 쓸모 있는 일입니다. 그대는 이제 그 어떤 일이라도 다 꿈 꿀 수 있으니까요. 꿈이 없는 그대, 최강의 꿈입니다.

고전 포커스

공자와 자공의 대화는 〈논어, 양화편〉에 실려 있습니다. 우리는 자공처럼 말이라는 언어로 무언가를 배우고 있습니다. 언어는 손쉽게 이해하고 빠르게 습득할 수 있는 훌륭한 도구이지만 불완전한 도구입니다. 사물의 이치를 제대로 깨우치기 위해서는 말보다는 사물의 본질을 꿰뚫어 보는 사유가 더욱 중요합니다.

쓸모 있는 땅과 쓸모 없는 땅은 〈장자, 외물편〉에 있습니다. 장자어는 쓸모 있고 없음에 대해서 많은 이야기를 하는데, 쓸모 있음과 쓸모없음을 구별하는 게 참 쓸모 없다는 소릴 하지요. 사물의 본질을 꿰뚫어 보는 혜안을 가지시길 바랍니다.

두드리면 열릴 것이다. 장자네 고민 상담소

왜 날 이해하지 못하죠?

장선생님.

저는 가족들과의 관계도 좋고, 친구들도 많아요. 대부분 사람들은 날 좋아해요. 은근히 인기도 있지요. 하지만 가끔씩 내가 뭔 말을 하면 엉뚱하다거나 4차원이라고 해요. 독특하다는 말이니 기분 나쁘게 받아들이진 않아요.

하지만 가끔은 나 혼자 섬처럼 둥둥 떠 있는 느낌입니다. 사람들은 왜 날 엉뚱하다고 하는 거죠? 세계 인구가 70억이 넘었다는데, 이 많은 사람들 중에 온전히 나를 이해해 주는 사람이 있을까요?

듣는 사람이 생각지도 못한 말을 하니까 엉뚱하다고 하는 겁니다. 거의 반사적으로 튀어나오는 말일 뿐 대개 별다른 의미가 없는

고전을 잡雜 수다

말 입니다. 당신이 남과 다르다는 건 당연한 거죠. 세상에 같은 사람이 어디 있겠어요. 심지어 쌍둥이도 조금씩은 다 다르잖아요.

인구가 70억이 아니라 100억이 넘어도 우리는 모두 서로가 다르기 때문에 불행히도 온전히 상대방을 이해해 주는 사람은 없습니다. 심지어 그대 자신도 그대를 완벽하게 이해할 수 없잖아요. 이건 그대뿐 아니라 인류가 오래전부터 고민해 온 철학적인 문제에요.

"나는 누구인가?", "너 자신을 알라."는 말과 맥이 닿아 있는 고민이랍니다.

답은 아직까지 진행 중이죠.

사람은 누구나 나 자신에 대해 알고 싶고, 또 이해받고 싶어해요. 그래서 큰 틀을 만들어 그 틀 안으로 사람들을 넣어 분석하죠. 성격, 혈액형, 별자리, 생년월일(사주팔자), 외모(관상) 등 방법도 수십 가지이지요. 4유형, 12유형, 16유형 등 결과가 세분화된다고 그게 더 정확한 것도 아니고, 섬세한 것도 아니게요. 그래도 우리는 충분히 이해받고, 또 타인을 더 잘 이해할 수 있어요. 다만 완벽하진 않죠. 우리 모두 보편성과 개별성을 모두 다 가지고 있잖아요.

역사적으로 볼 때, 사람이 가진 '여러 면 중 어느 한 부분'을 완벽하게 이해하고 이해받은 사람들이 가끔씩 있긴 하죠.

먼저 예술가와 평론가입니다.

춘추전국시대 때 유명한 거문고 연주가 백아가 있었습니다. 백아에게는 자신의 음악을 너무나도 잘 이해해주는 친구 종자기가 있는데, 백아가 산을 생각하며 거문고를 타면 종자기는 "아, 하늘 높이 솟아 있는 산이구나. 그 느낌이 태산처럼 웅장하다."라고 말했습니다.

또 백아가 강을 생각하며 거문고를 타면 종자기는 "도도하게 흐르는 강물이로다. 마치 황하강 같다."라고 말했다고 합니다.

그런 종자기가 병으로 죽었다는 소식을 듣자 백아는 거문고 줄을 끊어버렸습니다.

"이제 세상에서 날 알아주는 사람은 없구나."

백아는 두 번 다시 거문고를 연주하지 않았답니다.

종자기를 잃은 백아의 상실감은 결국 거문고의 줄을 끊게 만들었습니다. 종자기의 죽음은 곧 백아의 죽음과도 같았습니다. 이 이야기에서 나온 '지음知音'은 소리를 알아듣는다는 말로 말하지 않아도 속마음을 알아주는 친구를 이르는 말입니다.

그런데 종자기는 백아의 거문고 연주를 듣고 백아의 마음을 알아차렸는데, 백아는 과연 종자기의 속마음을 알았을까요? 갑자기 궁금해지네요.

또 유명한 사람으로는 관포지교管鮑之交라는 말의 유래가 된 관중과 포숙아입니다. 백아와 종자기가 예술가와 평론가라면 관중과 포숙아는 무명의 연예인을 월드스타로 키워낸 연예기획사입니다. 춘추전국시대 최고의 스타는 유세가, 즉 정치가였습니다. 포숙아의 추천을 받아 최고의 명재상이 된 관중은 나중에 "나를 낳아준 이는 부모였지만, 나를 알아주는 이는 포숙아였다."라고 말하면서 그 공을 잊지 않았죠.

관중과 포숙아는 춘추전국시대 제나라 사람입니다. 어린 시절 둘은 장사를 함께 한 적이 있는데, 이익을 나눌 때 언제나 관중이 더 많이 가져갔습니다. 포숙아는 관중이 형편이 어렵다는 걸 알았기에 관중이 탐욕스럽다고 말하지 않았어요.

같이 일을 벌이다 관중이 실패해서 포숙아 마저 곤란한 처지에 빠뜨린 적도 있었어요. 그럴 때도 포숙아는 관중이 어리석은 게 아니라 다만 운이 좋지 않았을 뿐이라고 말했어요.

벼슬을 하게 되었을 때도 관중이 세 번이나 군주에게 내쫓겼으나, 포숙아는 관중이 못난 것이 아니라 때를 만나지 못한 것뿐이라고 했지요.

또 전쟁에 나갔을 때도 관중은 세 번이나 도망을 쳤는데도 겁쟁이라고 하지 않았어요. 관중에게는 늙은 노모가 있었음을 알았기 때문이죠.

관중은 제나라의 왕위를 이을 사람으로 규를 택하고, 포숙은 소백을 택했습니다. 규와 소백이 제나라의 왕위를 갖기 위해 서둘러 귀국할 때 포숙은 매복해 있다 소백에게 활을 쏘아 죽이려 했어요. 하지만 구사일생으로 살아난 소백이 결국 왕위를 차지하였습니다.

그래서 관중은 감옥에 갇혔고 포숙아는 왕의 오른팔이 되었습니다. 하지만 포숙아는 관중을 재상으로 천거하였습니다.

"제나라는 저와 함께 다스려도 충분하겠지만 왕께서 천하를 다투시려면 관중과 함께 하여야 합니다."

관중은 제나라 환공이 된 소백과 더불어 그를 춘추오패중 하나인 맹주로 만들었고, 강하게 제나라를 만들었습니다.

흔히들 사람들은 관중을 '천리마'에, 포숙아를 천리마를 알아볼 줄 아는 '백락'에 비유하곤 합니다. 사회적인 지위는 재상이 된 관중이 더 높지만 사람을 알아보는 재능을 가진 포숙아를 더 높이 평가하는 것이죠. 포숙아가 없었더라면 관중은 왕을 죽이려 했던 죄로 인해 죽음을 피할 수 없었을 것입니다. 목숨을 살렸을 뿐 아니라 최고의 지위까지 준 셈입니다.

하지만 관중의 죽음이 임박하자 제환공은 누굴 재상의 자리에 올리면 좋을지 묻자 다른 사람을 천거합니다. 포숙아 역시 정치가로써 손색이 없는데, 그는 재상의 그릇이 아니라고 하지요. 기록을 읽는 제가 괜스레 서운했습니다.

제환공은 포숙아의 천거는 받아들이고, 자신을 천하의 패왕으로 만든 관중의 천거는 받아들이지 않았습니다. 사람을 천거하는 일은 드러난 능력뿐 아니라 그 지위에 올랐을 때 행할 수 있는 잠재력까지 파악해야만 하는 일입니다.

사람을 아는 것도 어렵지만 나를 알리는 것도 어려운 일이지요.

하물며 공자도 "아, 하늘만이 나를 알아주겠지!"하고 한탄을 합니다. 공자가 말을 못해서 사람들이 알지 못하겠습니까? 공자의 경우는 곡고화과曲高和寡일 수도 있습니다. 곡조가 고상하면 고상할수록 따라 부르는 사람이 적다고, 재능이 뛰어난 사람일수록 이해받기 어렵다는 말입니다.

힘과 권력, 전쟁이 판치는 세상에서 인의를 강조하고 다녔으니, 그의 사상은 받아들이기도 힘들고, 현실을 생각해 볼 때 이해하기도 힘들죠. 공자는 하늘만이 나를 온전히 알아 줄 거라고 생각했는데, 실은 자신의 생각을 정확하게 이해해주는 다른 사람을 만날 뻔 했습니다. 바로 미치광이 접여입니다.

공자가 초나라를 지나갈 때 접여가 노래를 부릅니다.
"봉황이여, 봉황이여, 덕이 어쩌다가 쇠하였느냐?
오는 세상 기다릴 수 없고, 가는 세상 붙잡을 수도 없지.
세상에 도가 있으면 성인은 이룰 수 있으나, 세상에 도 없으면 그냥 조용히 살아가야지.
지금 같은 세상에는 벌 받기 좋구나.
복은 깃털처럼 가볍지만 들 줄을 모르고, 화는 땅처럼 무거우나 피할 줄은 모르네.
그만두어라, 그만두어라.
덕으로 남을 대하는 건 위태롭다.
땅에 금을 그어 그 안에서 종종걸음 치는 구나.
가시나무야, 가시나무야, 내 가는 길 막지마라.

내 발길이 구불구불하니 내 발을 해하지 마라.

산 나무는 스스로 자르고, 등불은 스스로를 태우는 구나.

계수나무는 그 껍질이 먹을 수 있어 벗기어지고, 옻나무 역시 그 쓸모 있음으로 베인다.

사람들은 어찌하여 쓸모있음의 쓸모는 알고 쓸모없음의 쓸모는 모른단 말인가?

공자는 급히 수레에서 내려 노래를 부르는 사람과 만나 이야기 하려 했지만, 접여는 유유히 사라져 버렸다고 하네요. 공자는 얼마나 아쉬웠을까요? 자신이 말하는 덕을 온전히 이해해 주는 사람을 만났는데, 그런 덕은 요즘 세상에는 위태로우니 그만두라는 충고만 하고는 사라지다니!

하지만 공자에게는 훌륭한 제자들이 많았습니다.

"사야(자공)! 이제야 비로소 너와 더불어 시를 이야기할 수 있구나!"

모든 분야가 아니라 어느 한 부분이라도 이야기할 수 있는 상대가 생기면 공자는 매우 기뻐합니다. 어떤 궁극의 지혜를 알게 되었을 때 그 충만함을 나눌 수 있는 상대가 있다는 건 정말 기쁜 일이죠.

그렇다면 독특하고 엉뚱한 당신은 공자와 같은 봉황일까요? 당신을 이해 못하는 사람은 참새들? 그럴 수도 있죠. 다만 봉황을 이해해 준 사람은 미친 사람 접여였다는 걸 잊으시면 안 됩니다. 우리는 어차피 세상 속에서 참새들이랑 살아야 합니다. 미치광이들은 접여처럼 세상 밖에서 노니는 사람들입니다. 공자는 '안 되는 줄 알면서 하는 사람'이라는 소리를 들으면서도 묵묵히 제 갈 길을 갔습니다. '항상 엉뚱 발랄한' 그대도 공자처럼 꿋꿋하게 사시길 바랍니다.

어차피 커뮤니케이션이란 '동상이몽同床異夢'입니다. 같은 침대에 누워있어도 꿈은 제각각이죠. 이해하는 것 같지만 다 제 방식대로 제 멋대로 받아들여 이해한답니다. 그대는 그대 되는대로 말하고 상대는 상대 마음대로 듣고 생각합니다. 내 뜻을 상대가 잘 알아들었나 굳이 확인하려고만 하지 않는다면 꿈길은 언제나 꽃길일겁니다.

그래도 뭔가 아쉽다고요? 70억이 넘는 인구 중에 나를 온전히 이해해 주는 사람이……하나쯤은 하고 바라시나요?

사족처럼 덧붙이자면 공자는 이렇게 말했죠.

고전을 잡雜 수다

"불환인지불기지, 환부지인야 不患人之不己知 患不知人也"

남이 자신을 알아주지 않을까 걱정하지 말고, 내가 남을 제대로 알지 못할까 걱정해라.

백아보다는 종자기, 관중보다는 포숙아가 되길 바라십시오.

고전 포커스

관포지교로 유명한 관중과 포숙아의 이야기는 〈사기, 관안열전〉에서 찾아볼 수 있습니다. 공자에게 충고하는 미친 사람 접아의 노래는 〈장자, 인간세편〉에 실려있고, 〈논어, 미자편〉에도 잠깐 이야기가 나옵니다. 천리마와 천리마를 알아보는 백락의 이야기는 '백락일고伯樂一顧', 백락이 한번 뒤돌아보자 말의 값이 열배나 뛰었다는 고사성어를 만들어냈지요.

어느 시대나 천리마는 있지만 천리마를 알아보는 백락은 드물답니다.

두드리면 열릴 것이다. 장자네 고민 상담소

5

실패, 아무도 죽은 자를
애도하지 않는다.

장선생님!

사는 게 왜 이리 힘들까요? 우울해요. 작은 일인데도 움직인다는
게 벅차요. 에너지 소모가 너무 많네요. 지치고 힘들어서 그냥 잠만
자고 싶습니다.

내 인생은 실패한 것 같아요.

애를 써서 뭔가 생각이라는 걸 해봐도 결국 억울함, 분노, 증오,
자괴감뿐이에요.

요즘 들어 죽고 싶다는 생각을 자주 합니다.

죽으면 평안해지겠죠?

음……. 예! 저희 장자학파들은 죽음을 즐거운 일이라고 하지

고전을 잡雜 수다

요. 죽으면 바가지 엎어놓고 둥가둥가 노래도 부릅니다. 사는 게 오히려 고행이지요. 저희만 그러는 게 아닙니다. 불교에서도 인생은 괴로움의 바다라고 하지요.

하지만 그대처럼 일부러 죽지는 말라고 합니다. 어차피 생명이 있는 모든 존재는 다 죽게 되는데, 뭘 그리 애를 써가면서 죽으려고 하느냐는 거죠.

혹시 죽음이 무엇인지 궁금하지는 않습니까? 죽음은 그냥 아무것도 없습니다. 잘난 사람도 없고 못난 사람도 없고, 고통도 없고 쾌락도 없고, 사계절의 운행도 없지요.

아무것도 없는 것이 즐거움입니다. 이러한 즐거움은 세상 사람들이 말하는 그 어떠한 즐거움보다 큽니다.

옛날에 가난한 오랑캐의 딸, 여희라는 여인이 있었습니다. 어쩌다 진나라 왕의 눈에 들어 궁에 들어가게 되었지요. 궁에 들어간다 생각하니 여희는 너무나도 두려워서 엉엉 울었습니다. 하지만 막상 궁에 들어가 보니 여희는 평생 먹어보지도 못한 산해진미를 먹어보게 되고, 아름다운 옷을 입고 화려한 춤과 음악을 가까이 두게 되었습니다.

여희가 말했습니다.

“내가 정말 바보였어. 이렇게 즐거운데, 뭘 그리 두려워했단 말인가!”

여희는 궁에서의 생활을 알지 못했기에 두려워했던 겁니다. 마찬가지로 우리는 죽음이 무엇인지 모르기 때문에 두려워하지요. 사실 죽음은 두려워 할 필요가 전혀 없습니다. 산다는 건 열린 문틈으로 흰 말이 휙 스쳐 지나가는 순간에 지나지 않습니다.

인생이란 웃음과 울음이 교차되는 수레바퀴와 같지요. 지금은 견디기 힘들다고 하니 울음이 교차되는 순간이군요. 이게 전부인 것처럼 느껴지겠지요. 전혀 변할 것 같지도 않고요.

누가 당신의 어려움과 힘겨움을 알겠습니까? 하지만 그대의 수레바퀴도 굴러 갈 겁니다. 길이 험해서 바퀴가 구덩이에 빠진 것뿐입니다.

그대처럼 억울하고 화나고 자괴감이 들지 않는다 할지라도 사는 건 허무한 일입니다. 허무하고, 허무하고, 허무한데, 참 신기하죠? 그래서 삶이 강렬해진답니다.

자살을 시도하다 실패한 사람들은 공통적으로 이런 말을 합니다.

‘진짜 죽으려고 했던 게 아니다. 그냥 그때 잠깐 그랬다’

고전을 잡雜 수다

왜 살렸냐고 화를 내는 사람도 있지만, 속마음은 그렇지 않
대요.

자살에 성공한 사람들은 대개 모두가 '실수'로 죽은 거라고 합니
다. 마지막 순간에 마음이 바뀌는데 그때는 이미 돌이킬 수 없는
상황이라서, 즉 재수가 없어서 죽는다고 합니다.

안 믿기나요? 죽으려고 하는 마음은 정말 진지합니다. 그런데
어째서 마지막 순간에는 마음이 바뀌는 걸까요? 참으로 삶이라는
게 아이러니합니다.

〈사기〉의 저자인 사마천은 자기의 죽음이 개죽음과 같다고 생
각했습니다. 죽음이란 똑 같은데, 왜 누구의 죽음은 태산처럼 무겁
게 여기고, 누구의 죽음은 깃털처럼 하찮게 여길까요?

죽음은 깃털처럼 가벼운 겁니다.

삶이 태산처럼 무거운 거지요. 그래서 남을 살리기 위해 죽는
죽음만이 태산처럼 무거워질 뿐이지요. 그냥 죽는다는 건 '아홉 마
리의 소 중에서 털 하나가 없어지는 것'과 같을 뿐이니 나와 같은
존재는 땅강아지나 개미 같은 미물과 무엇이 다르겠냐고 합니다.

그래서 궁형을 당하고 치욕스럽지만 살기로 마음을 먹었지요.
하루에도 몇 번씩 오장육부가 뒤틀리고, 식은땀이 줄줄 흘러내릴

정도로 사는 게 힘들었다고 합니다.

살다보면 한 순간 온 몸에 힘이 다 빠져나가는 때가 있습니다. 자리에서 일어날 힘조차 없을 때가 있습니다. 그 순간에는 타인의 도움이 절실합니다. 도움 받기를 꺼려하지 마세요.

지금 당신은 몹시도 힘든 상황입니다. 이렇게 힘들 때는 아무런 결정도, 선택도 하지 마십시오. 잠시 뒤로 미루십시오. 특히나 죽음이란 어려운 결정이 아닙니까? 어려운 결정은 힘이 있을 때 하십시오.

아무도 죽은 자를 애도 하지 않습니다. 장례를 성대히 치루고 그를 기억하는 건 엄밀히 말하자면 죽은 자를 위한 의식이 아니라 산 자를 위해, 살아 있는 우리를 위해 치루는 의식일 따름입니다.

산 사람은 죽은 자에 대한 기억을 왜곡합니다. 더욱 처절하게, 혹은 더욱 아름답게, 또는 잔인하게 바꿔버립니다. 죽은 자는 산 사람들의 의지에 따라 제멋대로 재조합되어 세상에 나옵니다. 그나마 세상에 오래 머물지도 못하고 어디론가 사라집니다. 나를 사랑하는 가족이나 지인들 역시 마찬가지입니다. 왜냐면 그래야 산 사람이 살아가니까요. 죽은 자의 기억을 껴안고 살기에는 세상이 너무 힘겹습니다.

생명이 태어나는 것도 막을 수 없고 사라지는 것도 막을 수 없습니다. 인간의 의지로 막을 수 없는 게 운명입니다. 하지만 죽음 앞에 무력해 지는 건 아니지요.

공자는 14년 동안 천하를 돌아다녀야만 했는데, 죽을 위기도 몇 번 있었습니다.

그 중 '환퇴'라는 사람은 제 이름을 세상에 드러내고 싶어 공자를 죽이려고 했습니다. 제자들이 몹시 두려워하자 공자가 말했습니다.

"두려워 할 것 없다. 하늘이 내게 덕을 주셨는데 환퇴 따위가 감히 나를 어찌 하겠느냐?"

공자는 천한 사람들이 입는 옷으로 갈아입고 환퇴가 지키고 서 있는 길목을 유유히 빠져 나갔습니다.

또 공자가 진나라를 가려고 광 땅을 지나 갈 때였습니다. 광 지역 사람들은 공자와 안각의 대화를 듣고는 공자를 노나라 사람 '양호'라고 착각을 했습니다. 양호가 예전에 광 땅에서 못된 짓을 많이 했기 때문에 사람들은 공자를 가두었지요. 제자들이 아니라고 말해도 사람들은 믿지 않고 도리어 공자를 죽이려고 들었습니다.

두드리면 열릴 것이다. 장자네 고민 상담소

"괜찮다. 나에게는 주문물이 내게 있지 않느냐. 주나라는 사라졌지만 그 정신은 내게 있으니, 하늘이 이 정신을 사라지게 하려 하지 않는다면 광 사람들도 나를 어찌하지 못할 것이야."

공자의 제자들 몇몇이 위(衛)나라의 신하가 되었습니다. 그러자 공자일행은 겨우 그곳에서 벗어날 수 있었습니다.

몇몇 이야기에서는 공자가 죽음 앞에서도 거문고를 타면서 여유를 보였다고 합니다. 죽음 앞에서 당당했을지라도, 공자 역시 어찌 마음속에 두려움과 무력감이 없었겠습니까?

공자는 제자를 위나라에 신하로 보내기도 하고 나름 열심히 그 위기에서 벗어나려고 최선을 다했습니다. 그런 연후에도 옷을 갈아입고 그곳에서 빠져 나왔다고 합니다. 공자는 자신이 할 수 있는 일은 하고, 자신이 어찌 할 수 없는 일은 하늘의 뜻에 순응했습니다.

"저 놈이 날 죽일 수는 없다. 만약 내가 죽는다면 그건 하늘이 날 죽이시려는 게지."

당신을 죽이려는 놈은 어떤 놈입니까? 그 놈이 당신을 죽일 수는 없습니다. 그럼에도 불구하고 당신이 죽는다면 그건 운명이 그러한 것뿐입니다. 하늘은 스스로 돕는 자를 돕는다고 하지요. 운명을 당신 멋대로 규정짓지 마십시오. 무력감이 당신을 좌지으지하게 내버려 두지 마시길 바랍니다.

고전 포커스

〈장자〉는 죽음과 삶, 웃음과 울음이 하나의 수레바퀴이며 그 바퀴가 돌고 돌아 지극한 즐거움이 온다고 합니다. 짧지만 힘든 인생, 너무 서두르시지는 마세요. 천지만물의 진정한 즐거움을 두루두루 누려 본 다음 가도 되지 않겠습니까?

죽음 앞에서도 당당했던 공자 이야기는 〈장자〉, 〈사기〉, 〈논어〉 등 여러 곳에 실려 있습니다. 몇몇 이야기에서는 공자가 죽음 앞에서도 유유히 거문고를 탔다고 짧게 실려 있습니다.

천생덕어여天生德於予, 환퇴기여여하桓魋其如予何?

하늘이 내게 (세상을 구할) 덕을 주셨거늘, 환퇴 따위가 감히 나를 어쩌겠는가?

나더러 공부하지 말라니, 왜요?

장선생님,

저는 공부하는 게 좋아요. 사람들이 좋다고 하는 강의란 강의는 죄다 열심히 듣고 있습니다. 책도 열심히 읽고요. 물론 조금 어렵긴 하지만 사람은 죽을 때까지 배워야 한다 잖아요. 게다가 저처럼 머리가 나쁜 사람은 더 열심히 배워야 한다고 생각해요.

그런데 제 주변 사람들은 이제 그만 강의를 쫓아 다니라고 하더군요. 배운 거 써 먹기나 하라고. 애정 어린 충고 같기도 하고, 날 조롱하는 말 같기도 해요.

제가 도대체 뭘 잘못한 거죠?

충고인지 조롱인지는 잘 모르겠습니다. 그렇지만 주변 지인들의 말씀을 받아들이시는 게 좋을 것 같아요. 선생님이 뭘 잘못한 게 아니라, 무언가 잘못되어 가고 있다는 느낌이 들었기 때문에 주변에서 말리는 겁니다. 이럴 때는 잠깐 멈춰서 생각을 해 보세요.

아마도 선생님은 어릴 때부터 열심히 공부한 것 같진 않아요. 어릴 때부터 공부해 왔다면 아마도 강단에 서서 누군가를 가르치고 계실 분은 선생님이시겠죠. 일찍 배우지 못했던 것은 여러 가지 사정이 있었겠지요. 그러다 나이 들면서부터 이제라도 배워야 한다고 생각해서 뒤늦게나마 공부하려 했고, 그 배움의 즐거움도 약간 맛보았기에, 그 즐거움을 끊을 수 없으신 거죠?

정말로 공부하고 싶다면 힘드시겠지만 정식으로 교육기관에 입학해서 코스대로 밟아가 보세요. 그럴 여력이 안 되어서 교양강좌나 단기코스의 강의를 수강하시는 거라면 주변지인들의 말씀대로 강의는 끊고 스스로 공부해야 할 때인 것 같아요.

그렇지 않다면 '한단의 걸음걸이'를 배우려고 하는 젊은이 꼴이 날지도 몰라요.

춘추전국시대에 수릉에 사는 한 젊은이가 있었다. 이 젊은이는 조나라의 수도 한단에 놀러갔다가, 그곳 사람들의 걸음걸이가 제 고향과는 다르다는 걸 알게 되었다.

"우와, 멋지고 세련된 걸음걸이야. 이 걸음걸이를 배워 우리 고향 사람들에게도 알려줘야지."

젊은이는 한단 사람들의 걸음걸이를 열심히 보고 따라 배웠다.

하지만 한단 사람들의 걸음걸이를 익히기도 전에 고향으로 돌아가야만 할 때가 되었다.

젊은이는 한단의 걸음을 배워 충분히 익히지도 못 했을 뿐 아니라 본래 자신의 걸음걸이도 잊어버렸다.

이러지도 저러지도 못한 채 엉거주춤, 젊은이는 기어서 자신의 고향으로 돌아갔다.

배움이 나쁜 것은 절대 아닙니다. 하지만 배움의 방법은 여러 가지가 있습니다. 책을 읽지 않고도, 경험으로 배우기도 하고, 자연을 바라보다 깨달음을 얻기도 하지요. 배움이 반드시 책이나 유명하신 선생님들의 강의에만 있는 게 아닙니다.

공자와 자공의 대화중에 이런 말이 있습니다.

공자 : 사야, 너는 내가 많이 배워서 그것을 알고 있는 사람이라고

고전을 잡雜 수다

생각하느냐?

자공 : 예. 그렇지 않습니까?

공자 : 아니다. 나의 도는 그저 처음부터 끝가지 그저 하나로 관통하고 있을 뿐이란다.

하나로 관통하는 게 뭘까요? 지식의 통합? 체계화? 뭐 여러 가지로 해석할 수 있지만, 저는 "나의 도"에 더 마음이 쏠립니다. 공부는 '나의 도'를 위한 것입니다. 배움은 나를 위한 행위입니다.

그런데 한단의 걸음을 배우는 젊은이처럼 내 걸음걸이를 잊어서는 안 되는 거죠.

예, 물론 나 자신을 발전시키고, 더 나은 나를 위해 공부를 하고 계시겠죠. 하지만 혹시 나를 잊고 무조건 배우려고만 하는 건 아니신지요? '구슬이 서 말이라도 꿰어야 보배'라는 말이 있죠? 이게 바로 공자의 '나의 도는 하나로 꿰었다. 오도 일이관지吾道 一以貫之'와 같습니다. 이제 구슬은 그만 모으시고, 보이지 않는 내 목걸이의 줄을 찾아보세요.

제나라에 못생긴 한 여자가 있었다. 머리는 짱구요, 눈은 퀭하니 들어갔고, 체격은 남자 같고, 목도 두꺼웠으며 머리숱도 적었다. 허리는 굽었고, 피부는 거무튀튀했다.

나이 서른이 넘도록 그녀와 결혼하려는 남자가 없자 그녀는 제나라 선왕을 찾아갔다.

"제나라에서는 아무도 저를 데려가려고 하지 않습니다. 부디 왕께서 나를 후궁으로 들이시어 왕의 덕이 어떠한 것인지 만백성이 다 알게 하옵소서."

왕의 주변에서 그녀의 말을 듣고 있던 신하들이 모두 웃었다.

어떤 사람이 말하길 "천하의 뻔뻔한 여자로세."라고 했다.

하지만 선왕은 그녀를 기꺼이 후궁으로 받아들여 가까이 두었고, 나라를 잘 다스렸다.

얼굴이 두꺼운 여자, 강안여자強顏女子 이야기입니다. 자기 자신을 찾아가는 일은 강안여자와 같은 용기와 당당함이 필요한 일이에요. 선생님은 강안여자처럼 왕을 찾아가 나를 아내로 맞이 해달라고 말할 수 있을까요? 왕 앞에 제대로 설 수나 있을까요? 세상의 자잘한 잣대로는 강안여자는 절대 후궁이 될 수 없어요. 하지만 세상의 중심에 서 있는 왕의 잣대로는 후궁이 되기에

고전을 잡雜 수다

충분합니다.

당신은 세상의 언저리에서 맴돌지 말고 바로 세상의 중심으로 들어가야 합니다. 공부는 세상의 중심이 무엇인지 아는 일입니다. 그 중심을 통해 세상을 바라보는 일이지요. 하지만 사람마다 책마다 각자 다른 중심을 보여줍니다. 어떤 중심을 통해 세상을 어떻게 볼지는 당신의 일입니다. 그게 공부하는 목적이 아닐까요? 당신이 세운 세상의 중심에서 세상을 바라보십시오. 물론 조화와 균형이 필요하겠지요.

어설픈 겸손으로 세상의 권위와 가치를 쫓아가지 마십시오. 나 자신은 세상의 권위와 가치에 있지 않습니다. 그곳에서는 찾을 수 없습니다.

먼저 나 자신을 강안여자처럼 우뚝 세운 다음, 세상의 구슬을 모은다면 당신도 공자처럼 틀림없이 오도일이관지! 하게 될 겁니다.

고전 포커스

한단지보邯鄲之步, 한단의 걸음걸이는 남을 흉내 내다가 자신의 것을 잃어버리는 경우를 말합니다. 〈장자, 추수편〉에 나오는데, 조나라 학자 공손룡이 자신이 천하제일인줄 알다가 장자에 대한 소문을 듣습니다. 장자의 도가 어느 정도인지 알고 싶어 공손룡은 위나라 공자 위모에게 장자에 대해 묻습니다.

위모는 우물 안 개구리가 가느다란 대롱으로 하늘을 보고, 송곳을 꽂아 땅을 재보는 꼴이라고 하면서 한단지보를 덧붙여 이야기해 줍니다. 어설프게 장자의 도를 알려 들었다가는 공손룡이 가지고 있는 것도 다 잃게 될 것이라고 하지요.

공자의 오도 일이관지吾道 一以貫之. 공자와 자공의 대화중에 나온 말입니다. 〈논어, 위령공편〉에 실려 있지요.

강안여자强顔女子란 얼굴이 두꺼운 여자란 말로, 흔히들 수치심을 모르는 여자라고 합니다. 하지만 못생겼으면 부끄러워해야 한다는 사회의 통념을 시원하게 뒤집어 버리는 강안여자가 정말 멋지고 아름답지 않습니까? 강안여자가 진짜 강한 여자이지요.

강안여자 이야기는 유향의 역사 고사 모음집인 〈신서, 잡사편〉에 수록되어 있습니다.

고전을 잡雜 수다

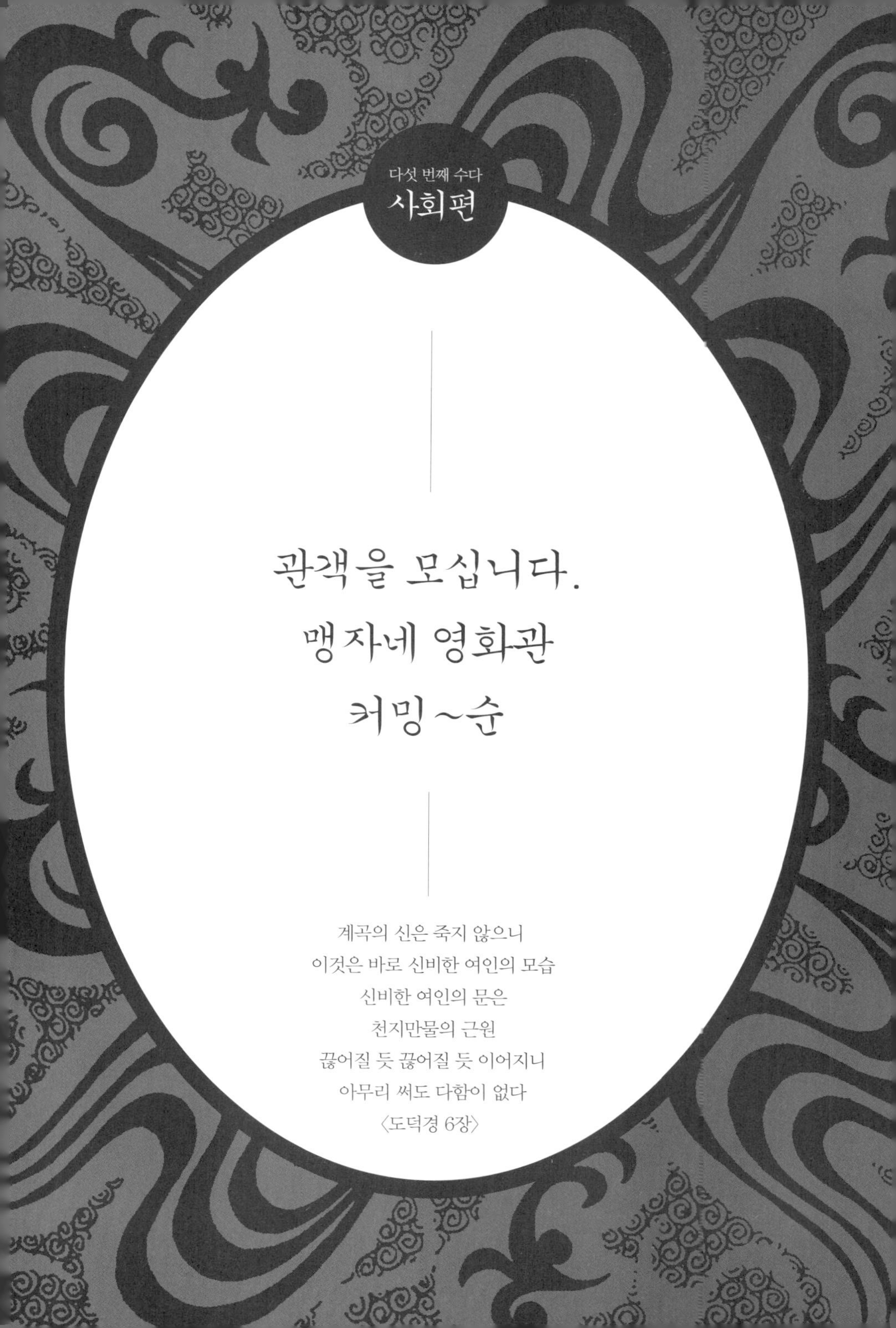

관객을 모십니다.
맹자네 영화관
커밍~순

계곡의 신은 죽지 않으니
이것은 바로 신비한 여인의 모습
신비한 여인의 문은
천지만물의 근원
끊어질 듯 끊어질 듯 이어지니
아무리 써도 다함이 없다
〈도덕경 6장〉

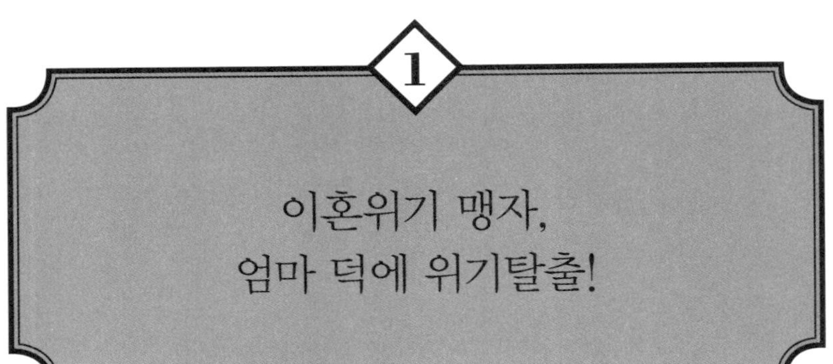

예의 같은 소리 하고 있네!

뜨거운 여름, 밖에서 돌아온 맹자부인 땀을 뻘뻘 흘리며 방안에 들어서다.

맹자부인 : 지독한 더위구나. 옷이라도 갈아입어야겠다.

그때 갑자기 방문이 벌컥 열리다.

방에 들어온 맹자, 웃옷을 벗고 있는 부인을 보다.

맹자부인 : (가슴을 옷으로 가리고 있다.) 아휴, 깜짝이야. 인기척이라도 하시지.

맹자 : 당신은 도대체 예의라는 게 있는 사람이요? 없는 사람이요?

맹자부인 : 예? 그게 무슨 말씀이신지?

맹자 : (버럭) 빨리 옷을 안 입고 뭐하시오!

맹자부인 : (웃음 지으며) 부부사이에 참 유별도 하십니다. 뭐 부끄러울 게 있다고.

맹자 : 부인, 참으로 뻔뻔하시오. 대낮에는 옷을 벗지 않는다는 게 '예의'라는 걸 정녕 모르신다 말이오.

맹자부인 : (살짝 빡치다) 예의 같은 소리 하시네!

맹자 : (얼굴이 시뻘게지다) 뭐라! 그게 하늘같은 지아비에게 하신 말씀이오? 내 이처럼 예의 없는 부인과는 두 번 다시 얼굴을 보지 않을 테요.

맹자부인 : (화가 나 소리친다) 하늘 꺼지는 소리 하고 있네. 그러든지 말든지. 흥.

그날 이후 맹자는 집에 들어오지 않았다. 그리고 날아든 이혼서류. '부인은 친정으로 돌아가시오.'

맹자부인 : (혼잣말로) 뭐? 기가 막히고 코가 막혀서. 완전 어이 상실. 생각! 생각! 생각을 좀 해 보자.

맹자부인 이혼서류를 꽉 움켜쥐고, 아들 잘 키웠다는 소문이 자자한 시어머니를 찾아가다.

맹자부인 : (서류를 내밀며) 이것 좀 보세요. 어머님.

맹자 어머니: 아니 웬 이혼? 둘이 잘 살고 있는 줄 알았는데, 이게 웬

날벼락이냐?

맹자부인 억울한 심정을 줄줄줄줄 토해낸다.

맹자부인 : 예의, 예의 하는데, 옛날부터 부부 사이의 예의라는 것
도 둘이 방안에 있으면 따지지 않는 것이 예의 아닙니까?

맹자 어머니 : (괜히 얼굴이 새빨개지면서) 암. 그건 그렇지. 부부가
둘이 방안에 있으면서 예의 운운하는 건 아니지.

맹자부인: 그런데 어머님 아들이 제게 예의가 있니 없니 하더이다.
저는 이렇게 이혼을 못 당합니다. 제가 이혼 청구 서류 만들어 올
테니까 그때 도장 찍는 게 옳지 않겠습니까?

맹자 어머니 : 아휴, 며늘 아가. 내가 아들을 한참 잘못 키웠다. 내
잘못이니 한 번만 너그럽게 봐주면 안 되겠니?

맹자부인 : 어머님이 사과하실 일은 아니죠. 어머님 아들이 사과한
다면 생각해 보겠어요.

맹자 어머니 : 그래. 네 말이 맞다. 잘못한 네 남편이 사과해야지. 내
가 아들을 불러 오마.

어머니의 부름에 냉큼 달려온 맹자.

맹자 어머니 : 네가 네 부인에게 예의 없다는 이유로 내 며느리를 친정에 돌려보내겠다 했니?

맹자 : 그게 어머니, 제가 사람들에게 예의를 가르치는 선생 아닙니까? 그런데 부인이 예의가 없으면 제 체면은 둘째치더라도, 누가 제 말을 배우고 따르려고 하겠습니까?

맹자부인 : 허! 진짜 이 사람이.

맹자 어머니: 아가, 너는 조그만 참고 있어라. (맹자를 보며) 너 말이 맞다. 자고로 네가 모범을 보여야지. 하지만 사람이 인기척을 내는 예의가 왜 생겼겠니? 방안에 있는 사람에게 준비시키기 위함이 아니냐? 또 방 안에 들어가서도 눈을 아래로 내리 까는 것도 상대의 잘못을 볼까 염려함이다. 너는 지금 네 예의는 살피지 않고 네 부인의 예의만 따지는데 이건 무슨 예의냐?

맹자 : 음……그것은. 제가 예의 없었네요. 죄송합니다.

맹자 어머니 : 왜 내게 사과를 하느냐? 네가 사과할 사람은 따로 있지 않느냐?

맹자: (부인을 보며 눈을 내려 깐다) 부인, 내가 잘못하였소이다.

맹자부인 : (의기양양) 네. 이번에는 사과를 받아들이겠어요. 하지만 앞으로 또 밖의 예의를 방안으로 가져 들어온다면 그땐 제가 만

관객을 모십니다.맹자네 영화관ㅋ 밍~순

든 이혼서류에 도장 찍으셔야 합니다.

맹자 : (풀 죽은 목소리) 알겠소이다.

***

예. 제가 이렇게 천지분간 못하고 천둥벌거숭이마냥 나댈 때가 있었습니다. 다행히 호랑이 같은 마나님과 지혜로우우신 어머님 덕에 이혼 위기에서 벗어 날 수 있었습니다. 사람은 누구나 잘못을 저지릅니다. 문제는 잘못을 저지른 후, 뒷수습이지요. 저는 잘못을 아내에게 뒤집어 씌웠습니다. 어떤 사람은 변명하기도 하고, 아예 사실을 왜곡하기도 합니다. 변명, 왜곡, 책임전가, 이 모든 일은 지하실에 시체를 숨겨두는 일과 같습니다.

그런데, 남자고, 남편이고, 강자인 내가 여자이고 부인인, 약자에게 내 잘못을 고백하고 사과를 하라니! 찰나의 순간 나는 어머니와 눈이 마주쳤습니다. 어머니가 눈빛으로 말씀하시더군요.

'시체 냄새는 무엇으로 덮을 거니?'

거짓말은 거짓말로 덮고 잘못은 더 큰 잘못으로 덮게 되겠지요. 잘못을 인정한다는 것은 책임을 지는 일입니다. 피하고 싶고 모른 척 하고 싶었지만, 그런다고 지하실의 시체가 사라질까요? 무엇보

고전을 잡雜 수다

다 잘못을 인정하지 못하면 깨달음마저 얻지 못하겠지요. 깨달음이 없다면 행동의 변화도 없을 테고, (어쩌면 더 뻔뻔해질지는 모르지만.) 그렇게 되면 또 다시 잘못이 반복하게 될 겁니다.

그래서 내 잘못이라고. "내가 잘못했다."고 사과를 했습니다. 뜻밖에도 나는 용서를 받았고, 마음의 짐이 사라지면서 자유로움을 얻었습니다. 잘못을 순순히 받아들이는 게 내게 행복을 주었습니다.

요즘 세상은 시체 덮는 기술이 발달해서 그런 걸까요? 냄새마저 덮을 수 있다고 믿기에 완전범죄를 꿈꾸십니까? 아니면 숫제 시체를 미라로 만들어 당신의 거실에 장식해 두실 생각입니까? 마땅히 당신 책임이고, 당신 잘못인데, 왜 자꾸만 '내 죄가 아니다. 내 잘못이 아니다.'라는 소리만 할까요? 사회가 온통 무죄변명에만 급급하고 있는 것 같아 참으로 안타깝습니다. 죄의 삯은 사망인진 모르겠지만, 잘못했다고 죽이는 세상은 아니지 않습니까? 부디 잘못을 고백하시고 당당하게 책임을 지십시오.

당신 잘못입니다. '내 잘못입니다.' 인정하십시오.

인정을 안 하니까 당신을 죽이려고 드는 겁니다.

관객을 모십니다.맹자네 영화관커밍~순

고전 포커스

〈맹자孟子, 이루하離婁下편〉에 보면 인익기익人溺己溺 인기기기人飢己飢 말이 있습니다. 남이 굶주리면 자기가 굶주리게 한 것 같고, 남이 물에 빠지면 자기 때문에 물에 빠진 것 같다고 생각한다는 뜻입니다.

옛날 우임금은 물에 빠진 사람이 있으면, 마치 자신이 치수治水를 잘못해 그 사람이 물에 빠진 것이라 생각했고, 굶주리는 사람이 있으면 정치를 잘 못했기 때문에 굶주렸다고 생각했답니다.

모든 사람이 우임금처럼 생각할 필요는 없지만 공인이라면, 자신이 정치가라면 더욱 이렇게 생각해야 합니다. 정치란 그런 일이기에 우리가 권력을 주고 권리를 주고 돈을 준 것이지요. 우임금처럼 하지는 못하더라도 최소한 잘못을 했으면 책임은 져야지요.

"제 잘못입니다." 매스컴에서 이런 말을 우리는 언제쯤 듣게 될까요?

2

네가 군자니? 왜 네 탓을 하니?

뱃놀이

기원전 629년 춘추전국시대 여기는 제나라 궁궐.

내 남편은 제후들의 우두머리 제환공, 주나라에 천자가 있지만 그 천자를 내 남편이 보살펴주고 있지. 천하의 진짜 실력자는 바로 내 남편이라는 말씀.

채희 : 여봉~ 우리 뱃놀이 갑시다.

제환공 : 뱃놀이? 나 싫은데……

채희: 아잉, 왜요? 채희는 뱃놀이 가꼬시퍼. 오랜만에 물가에서 놀고 싶다구용.

제환공 : ……그래, 갑시다.

강가에 배를 띄어 놓고 둥가둥가 노는데, 물결에 배가 기우뚱, 기우뚱하다.

제환공 : 어! 어~ 어! 배를 똑바로 운행하지 못할까! (버럭버럭 소리를 지르다.)

채희 : 원래 배는 물결에 따라 흔들면서 나가는 게 똑바로 가는 거예요. 우리 자기 바보!

제환공 : 으으음. 이제 그만 집에 갑시다.

채희 : 이제 왔는데 벌써 가자고요? 싫어용. 채희는 오랜만에 물위에서 뱃놀이하니까 너무 좋은뎅.

제환공 : 집에 가자니까!

채희 : 자기 왜 그래? 설마 배 타는 거 무서워요? 천하의 패자 우리 제환공님께서?

제환공 : (버럭) 누가 무섭대!

채희 : 무섭구나! 무서워! 깔깔깔 (배를 잡고 좌우로 흔들다.)

제환공 : (제정신이 아님) 하지 마! 하지 마! 하지 말라고!

채희 : 깔깔깔! (웃는다고 제정신이 아님)

옆에서 보고 있던 재상 관중, 배를 젓는 사공에게 명한다. "어서 뭍으로 배를 대어라."

무사히 땅에 발을 내디딘 제환공, 빙빙 돌던 눈알이 제 자리로 돌아오자, 채희에게로 돌아서 말하다.

제환공 : 그래, 네 남편 바보 만드니까 재미있디?

채희 : 아니, 뭘 그렇게 화를 내요? 으응? 남자가 뭐 그까짓 일로 쪼잔하게.

제환공 : 쪼잔? 그래. 니 남편 쪼잔하다. 당장 너 네 집으로 돌아가! (휙 돌아서 저 혼자 집에 가버리다.)

채희 : 뭐라고요? 지금 나, 소박맞은 거야? 완전 어이없네!!!!

자신의 친정, 채나라로 돌아온 채희. 채희의 말을 들은 오빠 채나라 왕 목후, 버럭 성질을 내다.

채목후 : 아주 웃기는 짬뽕일세. 아니, 부인이 남편을 조금 놀릴 수도 있지, 그걸 갖고 화를 내?

채희 : 오빠, 나 이제 어떡해?

채목후 : 어떡하긴, 차라리 잘됐다. 그런 소갈딱지 같은 놈하고 살긴 네가 너무 아깝지, 아까워. 걱정 마. 오빠가 근사한 남자 하나 새로 구해 줄게. 시집이나 가.

채희 : 어? 나 아직 이혼한 건 아냐. 정식으로!

채목후 : 그러니까, 네가 차이기 전에 먼저 뻥 차는 거야. 얼마나 통쾌하냐? 그 녀석 천하의 패자라고 거들먹거릴 때부터 눈꼴 시렸어. 감히 매제인 나한테도 어깨에 힘이나 팍 주고 말이야. 꼴 보기 싫었는데. 잘됐다.

채희 : 괜찮을까? 그 사람, 꽤 쪼잔 한데?

채목후 : 지가 어쩔 거야? 그럼 너, 그냥 집에서 청상과부로 늙어 죽을래?

채희 : (고개를 도리도리 흔들면서) 싫어. 그건 완전 싫어.

채희가 새로 시집을 갔다는 소리를 들은 제환공, 완전 열폭하다. 제환공 재상 관중을 불러 묻다.

제환공 : 채희가 새로 시집을 갔다는 소문 들었소?

관중 : 들었습니다.

제환공 : 이것들이 지금 날 아주 개무시 한 거죠?

관중 : 그렇다고 볼 수 있습니다.

제환공 : 지금 채나라 쓸어버릴 수 있겠소?

관중 : 네. 충분합니다. 채나라 밀고, 초나라까지도 진군 가능합니다.

제환공 : 오케이. 그럼 갑시다.

관중 : 네. 명령 받들어 모시겠나이다.

제나라, 채나라를 쓸어버리다. 채 목후를 포로로 잡아가다.

채희의 운명은 어찌 되었을까? 모른다. 역사에 기록된 바 없다.

* 상심한 채희와 맹선생님의 가상 담화 내용입니다.

채희 : 맹선생님. 저는 죄인이에요. 우리 채나라도 말아먹고, 오빠는 포로로 끌려가고. 저는 접시 물에 코 박고 죽어야 해요.

맹선생 : 말도 안 되는 소리 좀 하지 마십시오. 저는 채희님께서 그리 생각하는 게 좀 놀랍군요. 채나라가 망한 게 어째서 채희님 탓입니까? 제환공이 채나라를 공격했고, 채목후가 졌습니다. 전정에서 지면 나라가 망하고 포로가 되는 건 당연한 수순이죠.

채희 : 그렇지만 제가 시집을 안 갔으면, 아니 배를 안 흔들었으면, 아니 애초에 뱃놀이를 안 갔으면 이런 일도 생기지 않을 것 아니에요?

맹선생 : 그 모든 일이 다 없었다 해도 제환공은 전쟁을 일으켰을 겁니다. 채희님은 그저 꼬투리, 핑계일 뿐이지요. 제나라는 이기모든 전쟁 준비가 완료되어 있었고, 적절한 시간과 계기가 필요할 뿐이었습니다. 제환공은 늘 천하에 제 힘을 과시하고 싶었습니다.

관객을 모십니다.맹자네 영화관커밍~순

또 별 의미 없는 토론이기는 하지만 채희님이 시집을 간 것도 제목후가 가라 해서 간 것이잖아요. 포로가 된 제목후가 핑계꺼리를 제공한 것이지, 채희님이 뭘 잘못이 있단 말입니까?

채희 : 솔직히 말하자면 그게……저, 제가 제환공을 좀 싫어했거든요. 그래서…… 버림까지 받자 그 남자는 자존심이 상해서 어쩔 줄 모른 거죠. 흑. 하지만 나도 새로 시집가고 싶었어요. 그래서 이렇게 죄책감이 드는 거예요.

맹선생 : 이런, 지금 채희님은 드라마 쓰세요? 채희님은 스스로 트로이 전쟁의 헬레네라고 생각하시는 건가요? 당신의 미모로 인해 전쟁이 일어났다? 제환공이 당신한테 사랑을 못 받아서 남성의 자존심에 심각한 상처를 받았다?

채희 : 솔직히 전혀 없다고 할 수 없잖아요!

맹선생 : 절대 없습니다. 당신은 우연히 그 자리에 있어 사건에 휩쓸렸을 뿐입니다.

전쟁은 한 개인으로 인해 일어나고 말고 하지 않습니다. 또한 개인은 절대 전쟁의 승패를 좌우하지도 못합니다. 이야기 좋아하는 사람들이 그럴싸하게 갖다 붙이는 것뿐이죠. 그게 스토리텔링의 맹점입니다. 스스로 비운의 여주인공이 되는 스토리를 만들어 내지 마십시오.

채희 : (버럭) 그럼 내 탓이 아니란 말이에요?

맹선생 : 왜 화를 내십니까? 참 웃기는 군요. 사람들은 자신이 뭐 대단한 줄 알아요. 군자구저기, 소인구저인 君子求諸己 小人求諸人 따라 해보십시오.

채희 : 무슨 말이죠?

맹자 : 군자는 자기 탓을 하고 소인은 남 탓을 한다. 당신은 군자가 아닙니다. 왜 자기 탓을 합니까? 군자란 왕의 아들, 즉 왕이 될 수 있는 사람입니다. 그게 군자의 원뜻입니다. 모든 사람이 왕 되려고 덤비면 어쩝니까? 책임질 사람은 따로 있죠.

채희님은 왕의 아들이 아니라 따님이잖아요?

그대는 군자가 아닙니다. 왜 자꾸만 자기 탓을 하십니까?

고전 포커스

군자구저기, 소인구저인 君子求諸己 小人求諸人 〈논어, 위령공편〉
에 나오는 공자의 말입니다. 그런데 〈중용〉에 보면 공자는 활쏘기가
군자의 태도와 유사하다고 했습니다. 과녁을 못 맞히면 돌이켜 자신
에게서 그 원인을 찾는 점이 그렇다는 겁니다. 맹자는 이 말을 〈맹
자, 공손추편〉에서 상세하게 풀어 말했습니다.

인자 여사 사자정기이후발 발이부중 불원승기자 반구저기이이의 仁
者 如射 射者正己而後發 發而不中 不怨勝己者 反求諸己而已矣
"어진 사람의 태도는 활을 쏘는 것 같으니, 활 쏘는 사람은 자기의
마음을 바로 잡은 후에 활을 쏜다. 설혹 명중되지 않아도 승자를 원
망하지 않고 돌이켜서 자기에게서 그 원인을 찾을 뿐이다."

논어나 맹자는 일반 백성들을 위해 써진 책이 아닙니다. 지배계층,
즉 사대부 이상의 사람들의 책입니다. 지배계층의 사람들은 그들
이 가지는 특권만큼이나 사회에 대해 책임을 져야하지요. 이제 시대
가 변하여 지배계층은 사라졌습니다. 오늘날 우리는 적어도 표면적
으로는 누구의 지배도 받지 않지요. 삶의 주인은 바로 나 자신이니
까요. 그래서 그대는 혹시 모든 일은 다 자기 탓이라 생각하십니까?
성공하지 못한 건 내가 노력을 덜 해서, 부모가 못나서 내 자식이 힘
들다고 생각하십니까? 우리 관계가 나빠진 건 내가 잘못해서 그럴

다고 자책하십니까? 정말 그렇습니까?

당신이 회사의 대표입니까? 조직의 책임자입니까?

근로자가 주인인 회사, 참 좋은 말입니다. 그래서 책임만, 오로지 책임을 근로자들이 떠맡고 있습니다. 특권은 어디로 갔지요? 근로자의 피와 땀으로 성장한 회사가 공금횡령과 부정부패로 인해 파산 위기에 내몰립니다. 회사가 살아야 근로자가 산다고 임금조차 받지 않고 일으켜 세웠더니, 정리해고를 합니다. 기업이 살아야 나라 경제가 산다고 국민 세금으로 다 채워주니까 외국기업에 홀라당 팔아먹는 사람은 도대체 누구입니까?

국민이 주인인 나라 민주주의! 정말 멋진 나라입니다. 그래서 모든 책임은 다 국민 탓입니까? 참 이상합니다. 정작 책임져야 할 위치에 있는 사람은 책임지지 않고 그 이유와 책임을 언제까지 국민에게 돌릴 겁니까?

당신은 왕도 아니고 군자도 아닙니다. 우리는 그저 소인일 뿐입니다. 소인이면 소인답게 우리 마음이라도 편하게 삽시다.

관객을 모십니다.맹자네 영화관커밍~순

인생 길다,
세옹지마가 남의 일이 아니다

마지막은 언제나 해피엔딩

초한전쟁은 한나라의 승리로 끝나고 유방은 한고조 황제가 되다.

우연히 옷감을 짜는 직조실에 들렀다가 한고조는 박희를 보게 된다.

한고조 : 쟤, 누구야? 시녀치고는 왠지 귀티가 나는데?

내시 : 네, 박희이옵니다. 어미가 위나라 왕족이나, 위나라가 망한 뒤 오나라로 가서 사통하여 낳은 딸이라 하옵니다. 아비는 원래 폐하 아래에서 팽성 전투에도 참전한 장군이오나 지조가 없어 잠시의 어려움을 참지 못하여 항우에게 붙었다가 쫄딱 망했죠. 그 죄를 물어 아비는 저희 한나라군의 포로가 되고 딸은 여기 직조실의 시녀로 삼았습니다.

한고조 : 쯧쯧, 아비 잘못 만난 죄가 크구나. 불쌍하니까 내 후궁에서 생활하게 해줘라.

별궁에 들어온 박희는 잠시나마 꿈에 젖었다.

'예전에 관상쟁이가 나는 천자를 낳을 귀할 몸이라고 했어. 이제부터 나는 황제의 사랑을 받아 애첩이 되겠구나. 고생 끝 행복 시작!'

하지만 별궁에는 후궁들이 와글와글, 이미 황제의 애첩은 척부인이었고, 기세등등한 여태후의 눈치까지 보느라 잠도 맘 편히 못 잘 지경이었다. 그래도 박희는 비슷한 처지인 다른 후궁 관부인과 조자아를 친구로 사귀었다.

"친구들아. 우리는 나중에 혹시라도 황제의 사랑을 받아 귀히지면, 서로 잊지 말자!"

"응, 그럼, 친구 좋다는 게 뭐니, 서로 서로 챙겨줘야지."

"꼭, 꼭! 약속해."

하지만 하루가 지나고, 이틀이 지나고, 한 달이 지나도 황제는 박희를 부르지 않았다. 일 년의 시간이 지나는 동안 관부인과 조자아가 가끔씩 황제의 부름을 받는 걸 박희는 부러운 눈으로 바라만

관객을 모십니다.맹자네 영화관커밍~순

보았다.

　하루는 한고조가 하남의 성고대에 앉아 술을 마시고 있었다. 관부인과 조자아는 황제의 오른편과 왼편에 앉아 아양을 떨었다.

　박희는 시녀처럼 술심부름을 하면서 친구들을 상전으로 깍듯이 모셔야만 했다. 그런 박희를 본 관부인과 조자아는 키득키득 웃었다.

한고조 : 뭐가 그리 재미 있길래 둘이 눈을 마주치며 웃는고?

관부인 : 호홋, 폐하. 별일 아니옵니다.

조자아 : 옛날에 저 박희라는 아이와 친구인 때가 있었지요. 서로 귀해지면 잊지 말자고 약조한 일이 생각나 웃었습니다.

한고조 : 그래? 그렇다면 내가 너희들의 약속을 지켜주마. 오늘밤은 저 아이와 동침을 하겠다.

관부인, 조자아 : (화들짝 놀라며) 네? 폐하, 그러실 필요가 전혀 없사옵니다. 부디 통촉하여……

　딱 하룻밤의 동침으로 박희는 아들을 낳았다. 하지만 그녀의 지위는 달라지지 않았다. 황제는 두 번 다시 그녀를 찾지 않았다. 한고조 사후 여태후가 정권을 잡았다. 여태후는 후궁들에게 살벌한 복수의 칼날을 휘둘렀다. 황제의 사랑을 가장 많이 받았던 척부인은 사람돼지가 되고 후궁들의 목숨 또한 파리 목숨이었다. 박희도 언제 숨이 떨어질까 두려움에 떨었다.

하지만 여태후는 수많은 후궁 중 박희만은 불쌍히 여겼다. 그래서 박희의 어린 아들은 대代땅의 제후로 봉하고, 박희 역시 아들을 따라 대나라로 갈 수 있도록 허락했다. 박희는 아들이 왕이니까 지위가 올라 태후가 되었다.

대나라로 온지 얼마 후, 여태후는 각 제후왕들에게 궁녀를 5명씩 보냈다. 대나라로 온 궁녀 중에는 두희 라는 여인이 있었다.

박태후 : 너는 조나라 출신이 아니냐? 어찌 대나라로 왔더냐?

두희 : 마마, 그것이 어찌 소첩의 뜻대로 되오리까? 소첩도 환관에게 선물을 주어 조나라로 가게 해 달라 부탁하였지만, 너무 선물이 약소했나봅니다. 하지만 어지신 마마 밑에 있을 수 있어 기쁘옵니다.

박태후 : 그래, 너는 나를 닮았어. 외가에 힘도 없고, 성격도 유순하지. 두희야, 절대 왕의 사랑을 욕심내지 마라. 약속할 수 있겠느냐?

두희 : 약속합니다. 절대, 절대 저는 욕심내지 않고 마마를 지극정성으로 모시겠나이다.

관객을 모십니다.맹자네 영화관커밍~순

박태후의 아들, 대나라 왕 유항은 두희를 사랑하여 두 아들과 딸 하나를 두었다. 시국이 급변하여, 여태후가 죽고 유항이 황제가 되니, 그가 한문제이다.

한문제에게는 두 황후가 있었는데, 그녀들 모두 일찍 죽고, 황후에게서 난 네 아들 모두 연이어 병사했다.

박태후 : 새 황후를 들이니 마니, 누굴 추대하니 마니 이런 일로 황실이 어지럽게 하지 마오. 새 황후는 두희로 세우고, 그녀의 아들을 태자로 옹립하면 문제될 것 없지 않소이까?

한문제 : 어마마마의 뜻을 받들겠나이다.

두희 : (울먹, 울먹) 마마의 은혜, 어찌 갚으오리까?

박태후 : 과부사정 홀아비가 안다고, 가련한 네 처지 내가 챙겨주지 않으면 누가 챙겨주겠느냐.

두희 : 일개 궁녀였던 제가 감히 황후라니.

박태후 : 인생사 세옹지마다. 사람 운명은 관 두껑 닫힐 때 비로소 아는 거다. 끝까지 잘 살아보자꾸나.

한문제가 죽고, 두희의 아들이 새로운 황제가 되니, 그는 한경

고전을 잡雜 수다

제였다. 두희는 궁녀에서, 왕비, 황후에 이어 황태후가 되었다. 한 경제가 죽은 후 한무제가 새로운 황제가 되니, 이제 두희는 태황 태후가 되었다. 행운의 여인 두희는 몇 대에 걸쳐 서서히 실질적인 한나라 황실의 실권자가 되어 있었다.

＊＊＊

한때 법보다 주먹이 가깝다는 말이 널리 퍼진 적이 있습니다. 사회가 혼란할수록 더욱 주먹이 가깝게 느껴집니다. 역사적으로 도 법과 질서가 무너질 때는 언제나 권모술수와 무력이 위세를 떨 칩니다. 비록 그런 권모술수와 무력으로 권력을 잡은 사람이라 할 지라도, 일단 왕좌에 앉으면 질서를 바로 잡으려 합니다.

박태후와 두희도 역시 한나라가 안정되었을 때의 이야기입니 다. 사회가 안정이 되면 억지로 일을 꾸미지 않아도 자연스럽게 일 은 이루어집니다. 하지만 인생은 왕좌에 앉으려고 싸우는 과정이 다 보니 질서와 안정은 언제나 뒤로 미루어집니다.

'내가 자리에 오른 다음에, 그때 질서를 잡을 거야.'

모두들 목숨을 걸고 싸울 테니, 모두가 나의 경쟁자이고 나의 적입니다. 결국 나는 모든 사람과 싸워합니다. 한 개인이 아무리

관객을 모십니다.맹자네 영화관커밍~순

강해도 모두와 싸워 이길 수 있을까요? 결코 이길 수가 없습니다. 그래서 힘이 아니라 덕을 쌓아야 한다고 합니다.

누구나 아는 말이고, 누구나 인정하지만 문제는 지금은 그때가 아니라는 거죠. 지금은 어떻게든 싸워서 승리해야 할 때라고 합니다. 불행히도 그 싸움은 끝이 없습니다. 누군가 승자가 되었다 할지라도 그 승자가 내가 아니라면 싸움은 끝난 게 아니니까요.

박태후와 두희의 목표는 무엇이었을까요? 이야기 속 박태후와 두희는 태황태후, 최고의 권력자가 되길 원한 게 아닙니다. 그저 후궁들의 무시무시한 싸움 속에서 살아남는 거, 죽지 않는 거였습니다. 그들은 끝까지 살아남았고, 오래 살아 있다 보니 나머지 경쟁자들은 이미 다 죽고 없었습니다. 자연스럽게 자리를 차지했지요.

당신이 직접 경쟁자를 제거하지 않더라도 지금 이 순간 다른 경쟁자들이 그를 없애고 있습니다. 당신이 해야 할 일은 오로지 살아남는 겁니다. 당신의 경쟁자들에게 마음을 쏟지 마십시오. 성공하려면 물론 운도 따라야겠지요. 운을 불러들이는 방법은 '어진마음'을 베푸는 것 밖에 없습니다. 착하다는 게 바보와 동의어가 절대 아닙니다. 착하다는 건 더 크고 더 넓게 세상을 본다는 겁니다. 때로는 경쟁자에게 박수도 쳐주고, 가끔씩 배는 아파도 실력을 인정도 해주고, 축하도 해 주어야 할 겁니다.

당신은 약자입니다. 황제의 눈길조차 제대로 받지 못한 박태후였고, 돈이 없어 환관에게 큰 선물을 하지 못한 두희입니다. 두 여자는 서로가 약자임을 알아보았고, 서로 의지가 되어 주었습니다. 모질게 굴고 힘으로 상대를 누르는 건 늘 강자가 취하는 방식입니다. 언뜻 보면 쉽게 원하는 걸 취하는 듯 보입니다. 하지만 세상에 바보는 없습니다. 약자라고 해서 바보라는 건 아니지요. 당하고 있는 듯 보이지만 당하고만 있는 바보는 없습니다.

지금 당신은 당신의 경쟁자를 밟으려 하고 있습니까? 당신은 당신의 목표에만 집중하십시오. 내 목표보다는 경쟁자가 지금 무얼 하고 있는지에 더 많은 관심이 있다면 당신은 물고기를 잡으려고 나무에 오르고 있는 겁니다. 연목구어緣木求魚. 물고기를 구하려고 나무에 오르려고 하십니까? 물고기를 잡으려면 물가로 가야지 나무에 올라가서는 안 됩니다.

당신의 목표는 당신의 행복이고 당신의 성공입니다. 경쟁자의 실패와 경쟁자의 불행이 당신의 목표가 아니지요. 경쟁자의 실패와 불행에서 은근히 우월감과 안도감을 느끼고 있다면 당신은 지금 당신의 목표에서 점점 멀어지고 있다는 뜻입니다. 당신의 모든 신경이 당신의 경쟁자에게만 가 있으니까요. 당신이 해야 할 일은 그저 그 누구보다도 더 오랫동안 살아남는 겁니다. 그렇다면 당신은 그 분야에서 최고가 되어 있을 겁니다.

고전 포커스

연목구어緣木求魚는 〈맹자〉에 나오는 말입니다.

춘추전국시대 맹자가 제나라 선왕을 찾아 갔습니다. 제나라는 힘이 강했기 때문에 어떻게 해서든 영토를 넓히려고 했습니다. 하지만 맹자는 인의를 강조하며 왕도정치로 역설했지만 제선왕에게는 현실감이 없는 소리였습니다. 제선왕은 자신이 천하의 패자가 되면 인의로 나라를 다스리겠지만 지금은 일단 아니다 라는 뜻을 내 비칩니다.

그러자 맹자가 말합니다.

"왕께서 궁극적으로 원하시는 것이 천하의 제후들과 백성이 복종하게 만드는 게 아닙니까. 인의를 다스린다면 자연히 그렇게 되지만 힘으로써 그것을 달성한다면 그건 마치 연목구어緣木求魚 나무에 올라가 물고기를 구하는 것과 같습니다."

나무에 올라가 물고기를 구하는 것은 목적을 이루지도 못할 뿐 아니라 잘못되어 나라가 망하는 재난을 피할 수 없습니다. 몹시도 잘못된 방법입니다.

절영지회, 갓끈을 끊어라?

그래, 끊자. 제발 좀 끊어다오.

춘추전국시대 초나라 장왕은 전쟁에서 승리했다.

승전을 축하하는 연회가 있었다.

　밤늦도록 연회는 무르익어 갔고, 장수들의 술잔은 몇 번씩 돌았다.

　그때 갑자기 광풍이 불어 촛불이 일시에 꺼져버렸다.

어둠속에서

애첩 : 까야약!

　순간 모두가 얼음.

애첩 : 마마. 어둠을 틈타 누군가 저를 희롱하였나이다.

장왕 : 뭣이라!

어둠보다 더 큰 어둠이 연회장에 가라앉았다.

애첩 : 제가 이 자의 갓끈을 끊어 손에 쥐었사옵니다. 어서 불을 밝히시어 이 자를 벌하여 주옵소서.

연회장은 순간 어두움보다 더 무거운 정적이 감돌았다.

장왕 : (큰소리로) 모두의 갓끈을 끊어 던져 버려라!

연회장의 남자들 일시에 모두 스스로의 갓끈을 끊어 던졌다.

다시금 불은 켜지고, 애첩의 모습은 보이지 않았다.

애첩을 희롱한 범인도 당연히 잡을 수 없었다.

장수1 : 우리 보스 정말 사나이야. 멋지지 않아. 일처리는 이렇게 하는 거야.

장수2 : ㅋㅋㅋ 누가 죽다 살아났군. 오늘 진짜 운 좋은 날이야.

장수3 : 내말이. 난 또 이렇게 흥겨운 자리에서 누구 목 잘리는 줄 알았잖아.

3년 후 초나라와 진나라 사이에 전쟁이 났다. 서로 상대를 가늠

고전을 잡雜 수다

하며 양쪽 군대 모두 대치를 했다. 그때 초나라의 한 이름 없는 장수가 선봉에 나서서 죽기를 무릅쓰고 용감하게 앞으로 나아갔다. 그 용기를 보고 병사들이 뒤를 따라 물밀 듯이 진나라군대를 공격했다. 전쟁은 초나라의 승리였다.

초나라 장왕은 가장 먼저 앞장을 섰던 장수를 불러 물었다.

장왕 : (감동한 목소리) 내가 자네가 그리 용감한 장수인줄 미처 몰랐네. 이름조차 모르는 구면. 그래 자네 이름이 무엇인가? 어떻게 자네는 그렇게 용감한가?

장수 : 소신은 3년 전 연회에서 갓끈이 끊긴 자이옵니다. 그때 왕께서 분노를 감추고 참아 주셨기에 제가 지금껏 살아 있습니다. 저 역시 왕의 은덕을 가슴 속 깊이 감춰오다 오늘에야 그 은혜를 갚게 되었습니다.

장왕은 장수의 손을 붙잡다. 주변의 남자들 박수를 치다.

＊＊＊

초나라 장왕이 베푼 작은 은덕이 커다란 승리로 돌아오니, 세상의 리더들은 배워야 할 좋은 덕목임에 틀림없습니다. 어디 세상의

관객을 모십니다.맹자네 영화관커밍~순

리더뿐일까요? 세상 모든 사람들이 알아야 하지요. 잘못을 너그럽게 용서해 주거나 어려움에 처한 타인을 구해주면 반드시 보답이 따른다는 사실을요. 참으로 훌륭한 일화입니다.

하지만 이렇게 훈훈한 이야기가 저는 무섭습니다. 성추행, 성폭행이 연일 매스컴에서 흘러나오고 있습니다. 여자들의 일상에는 덜 잔인해서, 덜 자극적이어서 매스컴에 나오지 않는 성추행과 성폭력 사건, 사고들이 너무나도 많습니다. 아마도 여러분이 생각하시는 것 보다 더 많을 겁니다! 그래서 저는 더욱, 이런 이야기가 훈훈하지 않습니다.

술자리로 이어지는 회식의 문제는 제쳐두고, 모두들 일시에 갓끈을 끊어 버린 남자들의 대동단결이 놀랍습니다. 그러시겠지요. 여자의 몸을 조금 더듬었다고 목숨을 잃는 것은 지나치다는 암묵적인 동의가 있었기에 그리했을 것입니다.

여자들도 '그 놈은 죽어 마땅하다.'고 말하지 않습니다. 하지만 조금만, 생각이라는 걸 해보십시오. 어둠을 틈타 왕의 여자를 만진 남자는 죽는다는 건 모두가 압니다. 왕에 대한 불충이든 무례이든 그 이유가 어찌되었든 그 남자는 죽어야 한다는데 모두가 수긍을 합니다. 그런데 죽지 않고 살렸다. 왜 그랬을까요?

고전을 잡雜 수다

작은 실수이니까요? 좋은 자리를 망치고 싶진 않으니까요? 속 좁은 군주로 보이고 싶지 않으니까요? 초나라 장왕이 그 남자를 살려준 이유가 무엇인지 알 수 없으나 그 덕에 전쟁에 승리했으니, 참으로 좋은 일이다?

살인사건이 일상적이고 당연한 일이 아니기에 뉴스에 나오듯이, 그런 왕의 은혜를 받았다고 제 목숨을 걸고 적진 앞으로 뛰어드는 일은 일상적이고 당연한 일이 아니기에 기록으로 남겨지지 않았을까요?

술에 취해 잠시 실수했다고? 어둠을 틈타, 그 기회를 놓치지 않는 사람이라면 십중팔구 은혜 따위는 모르는 배은망덕한 놈일 겁니다. 물론 실수는 누구나 하지요. 그렇지만 감히 왕의 여자를? 아무리 술에 취했다고는 하지만 목숨을 담보로? 그는 은혜를 아는 머리 걷은 짐승일까요? 아니면 위험과 스릴을 즐기는 사람일까요?

제가 보기엔 그냥 못된 습관입니다. 집에서 새는 바가지 들에서도 샌다고 못된 행실은 자리를 못 가리고 줄줄 새는 거죠. 그런 놈이 상관이 되면 어찌 될까요? 아랫사람이 상관의 여자를 희롱한 것이 아니라 상관이 부하의 여자를 희롱하였다면 모든 남자들이 갓끈을 끊어 던졌을까요?

아마 한두 명의 남자는 갓끈을 끊지 않았을 거라고 믿고 싶습니다. 어쩔 수 없이 갓끈을 끊었다 할지언정 끊는 손길은 부들부들 떨렸지 않을까요? 그런 일이 비일비재 일어나는 조직이라면 "전쟁에서 승리" 따윈 없을 겁니다.

갓끈을 끊어버린 애첩은 어찌되었을까요? 설마 "네 년의 행실이 어찌했기에?" 이런 말을 듣지 않았겠지요. 그렇게 넓은 아량과 배포를 지니신 장왕이시니! 갓끈을 끊고 소리 높여 외친 애첩의 기지와 용기에 박수를 보냅니다.

이런 일은 갓끈을 확실하게 끊어내듯 확실하게 끊어내야 합니다. 부디 끊어진 갓끈은 귀한 보석함에 들어가 있거나, 머리높임 장식에 멋지게 장식되어 있길 바랍니다.

고전 포커스

초장왕의 연회 이야기는 〈설원說苑, 복은復恩편〉에 실려 있습니다.
이 글의 주제가 보은報恩이 아니었으면 좋겠습니다. 많은 사람들이
작은 은혜를 큰 보답으로 갚으니, 항상 은혜를 베풀어라 하는 소리
는 더 이상 듣고 싶지 않습니다. 더구나 그 은혜가 누군가의 희생으
로 만들어졌다면 도대체 누구에게 보답을 하고 있는 거지요?
논어에 지과필개知過必改, 과즉물탄개過則勿憚改 라는 말이 있습
니다. 잘못을 알면 반드시 고친다는 뜻이지요. 잘못이라는 걸 알면
우리 제발 고치기를 꺼려하지 맙시다. 갓끈을 끊어내듯 잘못된 관행
은 일시에 용감하게 끊어냅시다.

때린다고 너도 때리냐?

당신은 왜 때리나요?

자식을 몹시 사랑하는 아버지가 있었다. 이래도 예쁘고 저래도 예쁘기만 했던 아들이었는데, 자라면서 점점 버릇이 나빠졌다. 좋은 말로 타일러도 아버지 말을 듣지 않고 큰소리로 혼을 내도 아들은 콧방귀만 뀔 뿐이었다. 이에 화가 난 아버지 참지 못하고 드디어 매를 들었다.

아버지 : 요 녀석 거기 안 서. 내 오늘 네 못 뗀 버릇을 고쳐 주고야 말겠다.

아들 : (도망가면서) 서면 때릴 거잖아요. 말로 해요. 말로. 왜 매를 들고 그래요?

아버지 : 네 녀석은 좀 맞아야 해. 좋은 말로 할 때 들어야지 오늘이 네 제삿날인 줄 알아라.

　　지나가던 동네 아저씨.

아저씨 : 아니 순하신 어르신이 이 무슨 일이십니까?

아버지 : 내 오늘 저 녀석 버릇을 몽둥이로 고쳐주려고 합니다.

아저씨 : 아, 그래요? 못 뗀 버릇은 고쳐야죠. 내가 저 녀석을 잡아오겠습니다.

잡혀온 아들을 아버지가 마구 때리자 동네 아저씨가 매를 뺏어들었다.

아저씨 : 그래가지고 버릇이 고쳐지겠어요? 때리려면 요렇게, 요렇게 세게 때려야죠.

　　(아들을 마구 때리다)

　　아버지 뺑 찐 얼굴로 아저씨를 노려보다

아버지 : 당신이 뭔데 우리 아들을 때려?

아저씨 : 나? 동네 아저씨죠.

아버지 : 그런데 당신이 왜 우리 아들을 때리냐고!?

아저씨 : 그야 당신의 뜻을 존중해서, 당신 뜻대로 아들을 때려 준 거잖소. 참 나, 도와줘도 뭐라 그러네.

＊＊＊

어이없죠? 요즘 이런 일은 비일비재합니다. 겸손이 미덕이던 시대는 빠르게 사라졌는데, 아직 그 습관은 쉽게 없어지지 않아 저도 모르게 손사래를 치거나 우아하게 양보하십니까? "제가 잘 모르지만……" 말도 채 끝나지 않았는데 "모르면 됐고."하는 소리를 듣는 세상입니다. 입에 발린 "못난 제 자식" 했다가는 정말 자기 자식 못난이 만듭니다. 선의가 모욕당할 뿐 아니라 때로는 모멸감마저 들기도 합니다. 경쟁이 치열해지고 속도가 빨라지고 관계가 일시적이다 보니 더욱 그러합니다. 하지만 과도한 자기 과시나 자기 자랑 역시 우리를 지치게 합니다.

일회성인 사회가 가속화되고 있는 만큼 이야기 속 동네 아저씨처럼 과도한 오지라퍼들이 사이버 공간 속에 등장합니다. 옆집 숟가락 개수까지 다 알고 있는 이웃들이 진저리 칠 만큼 싫지 않습니까? 싫다면서 나의 오지랖은 왜 그리 넓습니까? 전혀 모르는 타인에 대한 오지랖은 더 크고도 넓지요. 가장 쓸데없는 짓이 내가 좋

고전을 잡雜 수다

아하는 연예인 걱정이라지요? 뭐, 걱정은 그나마 낫습니다. 관심
이니까요.

사소한 잘못에 줄줄이 달리는 악플과 과도한 인신공격. 누군가
죽어야만 끝을 보는 악성루머들. 비단 연예인들만의 문제가 아닙
니다. 한쪽의 일방적인 하소연을 보고 상대를 찾아가 계정을 폭파
시키고 마녀 사냥 식으로 사람을 죽일 놈으로 만들어 놓습니다. 그
러다 반대쪽 이야기를 듣고는 단죄를 위한 칼날을 상대방에게 들
이 됩니다. 이런 일이 너무나도 비일비재해서 일상이 되어버린 현
실이 무섭습니다.

관심을 받고 싶어 별의 별 짓을 다 하는 인간과 타인의 시선이
싫어 꽁꽁 숨어버리는 인간. 극단적이긴 하나 두 욕망이 모두 공존
하는 것은 인간이 공동체 생활을 하기 때문입니다. 혼자 살 수 없
는 인간은 타인의 시선에서 절대 자유로울 수 없습니다. 하지만 이
럴 때 일수록 우리는 스스로 내면을 잘 가꾸어 나가야만 합니다.
공부와 명상 모두 내면의 힘을 키우는 방법입니다. 내면이 약하면
세상의 잔물결에 쉽게 휩쓸리지요. 쓸데없는 오지랖, 과도한 개인
주의를 경계하기 위해서라도 내면의 힘을 키워야 할 때입니다.

고전 포커스

〈맹자孟子, 이루상離婁上편〉에 이런 말이 있습니다.

인필자모연후 인모지 人必自侮然後人侮之

사람은 스스로를 욕되게 한 이후에야 남이 모멸을 한다.

내가 나를 스스로를 사랑하지 않는데 누가 나를 사랑하겠습니까?

나를 망칠 수 있는 사람은 나 밖에 없습니다.

상관 말라고요?
나도 상관안하고 싶다고요!

노魯 처녀의 한숨

때는 춘추전국시대 노나라 목공이 재위 중이었는데, 왕은 늙었고,
태자는 매우 어렸다.

노나라 칠실읍에 사는 한 노처녀가 기둥에 기대어 한숨을 내쉬
고 있었다.

노처녀 : (한숨) 걱정이다. 걱정. 어찌하면 좋을꼬.

이웃집부인 : (지나가다 노처녀를 보고) 땅이 꺼지겠다. 웬 한숨이
냐? 아하! 시집을 못 가서 속상해서 그렇구나.

노처녀 : 아니에요.

이웃집부인 : 부끄러워할 것 없다. 내가 좋은 신랑감 알아봐 줄게.

관객을 모십니다.맹자네 영화관커밍~순

눈을 좀 낮추면 괜찮은 홀아비도 수두룩 한단다.

노처녀 : (발끈하며) 아니에요! 괜찮습니다.

이웃집부인 : 하긴 시집가봐야 고생이다. 뭐 좋다고 사서 고생인지 모르겠다. 하지만 그래도 시집가고 싶지 않아? 괜찮은 사람 만나면 괜찮아.

그래서 말인데 이웃 마을에 꽤 괜찮은 사내가 있는데……

노처녀 : 시집 때문에 그런 거 아니라고 했잖아요. 왜 자꾸 시집, 시집 그러세요?

이웃집부인 : 그럼 왜 청승맞게 대낮부터 한숨이냐? 시집 말고 네가 걱정할 게 뭐 있다고?

노처녀 : 내가 걱정하는 건 우리 노나라가 왕은 나이가 들어 골골하신대, 태자마마는 너무 어리다는 겁니다. 나라꼴이 어찌 돌아갈까 생각하니 걱정이 돼서 저절로 한숨이 나오는군요.

이웃집부인 : (잠시 멍해 있다가 웃음을 터뜨리다) 풋하하하, 지나가는 개가 웃겠다. 네가 뭔데 나라 걱정을 하고 있냐? 너랑 무슨 상관이 있어? 너는 지금 시집갈 일이나 걱정해라. 나랏일은 똑똑하신 대부들이 알아서 잘 하시겠지.

노처녀 : 왜 상관이 없다는 겁니까? 옛날에 우리 진나라에서 오신

고전을 잡雜 수다

손님이 말을 마당에 묶어 두었는데, 그 줄이 풀어져 우리 집 채소밭을 다 망쳐 놨습니다. 그 때문에 우리 집 식구들은 그 해에는 채소를 먹지 못했지요.

또 이웃집 여자가 남편을 버리고 도망을 가자, 우리 오빠더러 잡아와 달라고 부탁을 하더군요. 오빠는 그 여자를 뒤쫓아 가다가 홍수를 만나 물에 빠져 죽었습니다. 그 때문에 나는 평생 오빠 없이 살아야 하지요.

이웃집부인 : 음, 그거야 어쩌다가 재수가 없으면 그럴 수도 있는 거지.

노처녀 : 재수가 없거나 우연히 그런 게 아니라 일이 잘못될 기미가 보인다는 겁니다. 세상 모든 일이 서로 얽혀 있는데 어찌 상관없다 하십니까? 내가 듣기로는 하수의 물은 주변 땅 9리를 풍요롭게 해 주고, 바닷물은 3백보의 땅을 흠뻑 적셔 준다고 하더군요.

지금 우리 노나라는 큰 위기를 맞이하고 있습니다. 왕은 늙고 태자는 어리니, 노나라의 정치는 혼란스러워지겠지요. 부정부패로 더욱 혼란을 가속하면 어찌 환란이 닥치지 않겠습니까? 환란이 닥치면 누가 가장 힘들까요? 남자들은 죄다 군대로 끌려 갈 테고, 여자들은 군수물자를 만드느라 허리가 휠 텐데, 이러한 때에 시집가는 일이 뭔 대수라고 걱정하겠습니까?

관객을 모십니다.맹자네 영화관커밍~순

이웃집부인 : (속으로는 쳇, 그래 너 잘났다. 그리 잘났는데 시집은 왜 못가니? 하지만 말로는) 그래, 네 말이 맞다. 정치가 이렇게 우리들 삶에 직접적인 영향을 끼치고 있다는 걸 내가 이제야 알았다.

***

노나라 처녀의 한숨이 참 깊습니다. 실제로 3년 후 노나라는 내란으로 어지러워지자 그 틈을 놓치지 않고 제나라와 초나라가 침략을 했습니다. 노魯처녀의 말대로 남자들은 모두 군대에 끌려가고, 집에 남아 있는 여자들은 군수물자를 대느라 단 하루도 편히 쉴 수 없었지요.

이처럼 불을 보듯 뻔한 앞날인데도, 그 당시 사람들은 할 수 있는 일이 거의 없었습니다. 할 수 있는 일이 없기에 한숨을 쉬고 걱정을 하면 사람들은 나무랍니다.

"네가 뭔데? 네 일이나 잘해라."

예, 잘하고 싶습니다. 잘하려고 하니까 걱정을 하지요.

노나라 처녀도 할 일이 많지요. 이웃집 부인 말마따나 시집도 가야 되고요. 하지만 시집가면 뭐합니까? 남편은 전쟁터로 곧 끌려갈 테고, 결혼하여 한 가정을 이루었으니 그에 해당하는 세금도 더 내야 하는지도 모르지요. 전쟁으로 집과 논은 폐허가 될 터데요. 전쟁이 나면 이익을 얻은 사람도 있지요. 왕과 제후들, 그리고 전쟁 물자를 사고파는 상인들입니다. 이익이란 그 탐욕이 끝이 없습니다. 내 이익을 위해서는 무슨 짓까지 하게 될지 어찌 알겠습니까?

하필이면! 이익에 대해 물어보십니까?

왕께서 어떻게 하면 내 나라에 이익이 될까를 말하면, 대부들이 어떻게 하면 내 봉읍에 이익이 될까를 말할 것이고, 백성들도 어떻게 하면 내 몸에 이익이 될까를 말할 것이니, 위아래 서로 이익을 다투면 나라가 위태로워질 것입니다.

위태로워질 수밖에 없습니다. 그러니 어찌 노나라 처녀가 걱정이 되지 않겠습니까?

참, 어이없는 일은 돈 많고 잘났고, 권력 있는 사람만 어떤 사안(특히 정치적 문제)에 대해 발언권을 가지려 드는 겁니다. 돈 없그 힘없는 사람이 작은 목소리라도 내려고 하면 눈을 흘기고 깔아뭉개려고 합니다. 노나라 처녀는 "깨어있는 시민의식"을 말합니다. 우리가 천 개의 눈이 되어 우리의 사회를 바라보고 있어야 합니다.

고전 포커스

노나라 처녀는 유항의 〈열녀전〉에 노칠실녀의 이야기로 나옵니다. 노나라 칠실은 맹자의 고향이기도 합니다. 마을 사람들은 그녀의 뛰어난 식견을 기리기 위한 칠녀성을 쌓았다고 합니다. 노칠실녀는 '목란木蘭' 이야기의 원형으로 딸이 아버지를 대신 남장을 하고 전쟁터에 나가 싸웠다는 이야기입니다. 디즈니에서 만화 영화 "뮬란"으로 각색되기도 했지요. 맹자의 강한 현실정치 참여의식은 아마 어릴 때부터 보고 자랐던 노칠실녀의 영향으로 싹트는지도 모릅니다.

〈맹자〉 첫 부분은 맹자와 양혜왕의 만남으로 시작됩니다.

선생님께서 먼 길을 달려와 주셨으니 어떻게 하면 내 나라를 이익되게 할 수 있습니까?

왕께서는 어찌 '하필이면' 이익을 말하십니까? 오직 인의가 있을 따름이지요.

그물처럼 서로의 이익이 얽혀 있어 길을 찾지 못하고 있다면 맹자를 읽어보십시오. 이익만이 아닌 또 다른 길을 발견할 수 있을 겁니다.

고전을 잡솨 수다

여자, 고전을 잡雜 수다

1판 1쇄 발행 | 2016년 10월 10일
지은이 | 김일옥
펴낸곳 | 북씽크
펴낸이 | 강나루
주소 | 서울시 성동구 행당동 192-29 성동샤르망 1019호
전화 | 070 7808 5465
등록번호 | 제 206-86-53244
ISBN 978-89-87390-01-7 13100

Memo

Memo

Memo